通

抵 达 成 长 的 边 界

计划赋能

面对不确定，我们怎么办？

誰も教えてくれない
計画するスキル

[日] 芝本秀德　著

郑文洋　译

中国水利水电出版社
www.waterpub.com.cn

·北京·

内 容 提 要

这是一本讲述如何制订计划以对项目和工作实现赋能的图书。针对项目管理者和执行人员的工作，书中从不同侧面阐述了应该如何制订计划并高效地执行，让读者可以更好地面对自己的工作，可以高效率、得心应手地面对繁冗的项目和工作，同时减少纠结和拖沓，有助于提升效率和完成计划。

图书在版编目（ＣＩＰ）数据

计划赋能：面对不确定，我们怎么办？／（日）芝本秀德著；郑文洋译. -- 北京：中国水利水电出版社，2020.11
ISBN 978-7-5170-9196-7

Ⅰ．①计… Ⅱ．①芝… ②郑… Ⅲ．①计划—研究 Ⅳ．①C935

中国版本图书馆CIP数据核字（2020）第227155号

DAREMO OSHIETE KURENAI KEIKAKUSURU SKILL written by Hidenori Shibamoto.
Copyright © 2017 by Hidenori Shibamoto. All rights reserved.
Originally published in Japan by Nikkei Business Publications, Inc.
Simplified Chinese translation rights arranged with Nikkei Business Publications, Inc. through Hanhe International (HK) Co., Ltd.

北京市版权局著作权合同登记号为：图字01-2020-6240

书　　　名	计划赋能：面对不确定，我们怎么办？ JIHUA FUNENG: MIANDUI BU QUEDING, 　WOMEN ZENME BAN?
作　　　者 出 版 发 行	[日]芝本秀德　著　郑文洋　译 中国水利水电出版社 （北京市海淀区玉渊潭南路1号D座　100038） 网址：www.waterpub.com.cn E-mail：sales@waterpub.com.cn 电话：（010）68367658（营销中心）
经　　　售	北京科水图书销售中心（零售） 电话：（010）88383994、63202643、68545874 全国各地新华书店和相关出版物销售网点
排　　　版 印　　　刷 规　　　格 版　　　次 定　　　价	北京水利万物传媒有限公司 朗翔印刷（天津）有限公司 146mm×210mm　32开本　7印张　149千字 2020年11月第1版　2020年11月第1次印刷 52.00元

前言

高效能人士的计划技能

让我们打消关于制订计划的不安情绪，当大家听到"计划"这个词的时候会有怎样的印象呢？

"虽然知道必须有计划，但不擅长，也不知道该怎么制订计划。"

"即使制订计划，也不会百分之百地按照计划进行，哪怕计划本身再好，也没有多大用处。"

"计划在多数项目的流程上通常是必要条件，但遵守与否，其实无所谓。"

"即使制订出计划，但每次都不能按照计划进行，反而陷入了进退两难的境地。"

有这种想法的人不在少数。在某个项目开展后，制订一份周密的计划是必不可少的。如果没有计划，项目和预算有很大概率不会被上面批准，但另一方面，即使制订了计划，能够完全按照计划执行的人还是少之又少。

仔细想一想，这在我们日常的工作中是很常见的，我们被上司或者客户要求针对某个项目写一份详细的计划书，但无论是在学校还是公司，几乎没有人系统地学习过如何制订计划。因此，多数人都是凭感觉去写，凭经验去做，或者是模仿别人来做。大家通常都抱着不安的情绪来写计划书，本书的理念就是消除这样的不安，关注不知不觉就可以掌握的技能。

在我写的这本书中，比较吸引人的是那些在工作上必要却在公司和学校里无法学习到的技能，这种技能有很多。

我在日常写作的时候，经常会被人要求写出更流畅、更通俗易懂的文章，但是所谓的通俗易懂的文章是什么，又要怎么写呢？恐怕很多人都不知道。首先要理清思路，然后将它写成文章，这并不是容易的过程，但在工作中涉及写东西，会被要求写好，并且通俗易懂，却是理所当然的分内事。像这样在公司和学校无法学到却在工作中非常重要的技能，在当今这个时代备受关注。

本书以研讨会为基础文体采用和读者对话的方式，并将笔者自己称为我。同时，本书将再现研讨会中的精华部分。

首先在这里介绍一下自己。我的名字是芝本秀德，曾经是个软件工程师，长期从事汽车导航软件的开发，也就是所谓的嵌入式软件的领域，此后转移到商务系统，在本公司的软件部门担任产品经理。在那之后，按照一贯式管理的模式，从企划、必要条件定义、设计、开发以及营业支援等方面进行全过程的最优化控制。现在的主要工作是咨询顾问，PMO（Project Management Office，项目管理中心）的构筑支援，进行着企业战略和事业计划的制订，IT系统的引进项目和服务管理，以及不同领域的咨询工作。为什么要进行各种各样的咨询？这是因为我主要的咨询课题是提高人与组织的实际工作能力。

工作的开展无关领域，为了提高执行力，我们可以尝试着去接触很多从未涉足过的业务。我以自己曾经是工程师和项目经理的经验为基础，将自己在工作中得出的方法论体系化，帮助我的客户提高个人以及公司的执行能力。

因为主题是执行，所以并不是大家通常认为的那样，从客户那里知道要求，然后提供多种方案，最后将其演示出来的这种风格，而是与作为客户的企业里各级人员进行深入讨论，共同解决公司内部当前的问题，继而共同实施，这才是我的工作风格。

本人致力于价值工程学方面的学习和研究，并将其作为自己的毕生事业。关于价值工程学，想必提过这个名词的人很少，但在工学领域，这是大家已经熟知的概念，也是最具有说服力、最支持创新的领域。日本价值工程协会每年会举行全国大会，美国每年会举办一次世界大会，我曾几次在大会上表达过自己论文中的一些观点。

我在咨询工作中，所使用的方法论大致分为三种。

第一，工艺设计。

一些公司的名称上甚至提到了工艺设计这个词，所以这个方法论的重要性是不言而喻的。企业和项目都是为了创造出某种新产品或新成果而存在的，将人、物品、金钱、技术、信息、时间这样的经营资源在日常的活动中加上附加价值，最终有新产品或是成果，这就是将输入转换成输出。增加附加价值的过程在很大程度上会决定最终成果的好坏。要设计好这个过程，创造出更好的输出端，就是工艺设计的中心思想。

第二，联结各方利益。

说起联结各方利益，很多人都会想到会议的进展。但不仅如此。制订战略、改善程序、推进组织改革时，必要的是推心置腹地讨论、建立共识、引导实行的承诺，这是联结各方的一种实事求是的思想。

我们生活的这个时代瞬息万变，虽说每个时代的变化都很激烈，但现在变化的速度却完全不同。对于过去延长线上的现在，曾经的那种对策已经不能适应当今时代的变化，我们要配合市场、顾客的变化和竞争的态度去不断改变自己。但是人类在追求变化的同时，也有厌恶变化的性质，不想改变已经习惯的环境与做法，因此，推进变革总会面对来自各方面的抵抗和压力。即使想阻止或是躲避这种阻力，却怎么也做不到完美，多数人都会一边点头称是，一边有意无意地去做和以前一样的事。

为了打破这种情况，站在各自的立场、有各自利害关系的人们一定要推心置腹地进行深入讨论。变革对大家来说都是必要的，所谓联结各方，是让各方充分表达自己的想法，同时站在第三者的角度来加深讨论的内容。关于联结各方应该持有的视角和提问的方法，本书会有详细的叙述，有兴趣的人请一定阅读。

第三，管理工程。

管理工程在日本被称为经营工学。所谓工学，是从以前到现在为止的经验和分析的体系化表现，也是"如果这样做，就会很顺利地进行"的方法。经营最主要的还是实践，在经营现场会发生很多事情，并没有所谓的按照一种固定的方法去经营就一定能获得成功，但是，提高顺利进行的可能性的方法论还是存在的，这也就是所谓的经营工学。本书的主题——以计划的技巧为基础的项目管理，也是经营工学的一类。

我的方法论大多是在软件开发和系统开发的经验中培养出来的，但产生成果的方法论在任何领域都是共通的，当然，形式上会有些不同，不过本质上却基本相同。将这种本质上相同的方法论很好地应用在各个领域，是我的本职工作。在实际的工作中，与我有合作关系的客户也都涉足各种行业，方法论如果不是可以实践的，就没有任何存在的意义。假如在理论上是完美的，但在现实的工作和生活中无法发挥作用，也就证明这种方法论没有任何意义，只能输出无用功。

咨询顾问的工作是把逻辑和方法论作为一种经营的武器，为客户提供价值，但如果只对顾问的提案起到作用，在现实工作中没有再现性，人和组织依旧提高不了执行力。光用嘴说"你学到了好东西啊"或者"原来有那种好东西啊"，这在工作上是起不到任何作用的，它的意义还是零。

当有了"这个方案值得一试"和"那就试试看"这样的想法之后，如果不付诸实践，肯定无法知道效果，一味地空想是没有任何意义的，在这里需要活用关于过程的视点。就像刚才提到的那样，过程是将输入转换成输出，把工作方法设计成程序，可以提高再现性，才可以取得下一次的成功。

写文章的时候也是这样，没有哪个人能够自信满满地对别人说"只要告诉我写文章的技巧，我就可以写出好文章"这样的话。写出好文章并且传达给对方需要一个过程，如果没有过程，再怎么有技术，也没有办法将之转换为有效的能量。不仅是技术，还有运用的过程，所以，过程的设计才是提高输出成果质量的关键。通过了解产生成果的过程，并且把这个过程更加精简提炼，人和企业才能提高执行力。

无论说多少理论，如果这些美好的理想不能实现，那就是画饼充饥的梦话。即使制订各种计划或是制作了漂亮的提案书进行演示，如果不能实现，依然是痴人说梦。梦话是虚无缥缈的，现实的生活不会因为虚无缥缈的东西而改变，行动需要能够实行的过程。

商务活动全部由过程连接。比如分析市场和客户要求的过程以及规范要求的过程，而计划的流程是将多个过程完美衔接在一起的基础。本书将介绍计划在过程中必要的技能与技巧。

确认一下本书的最终目的。

第一，理解计划的目的。

计划究竟是为了什么而制订的，当我们被上司要求好好制订工作计划，或是小学的时候被老师要求有计划地完成作业的人应该不在少数，因此，很多人都认为计划是必须做的事情或者该做的事情。但是，当被问到为什么需要计划以及计划是为了什么时，能回答的人却非常少。如果这样，是无法制订有效计划的。因此，我想首先就计划的目的和大家达成共识。

第二，理解计划过程的整体情况。

计划也有技巧，但那只是一部分，是一盘棋里的一枚棋子而已，如果不知道整体是一个什么样的概况，就不知道那枚棋子的位置和意义。学习事物、把握事物的时候，从整体把握是铁一样的规则。首先要知道整体情况，否则一枚棋子会有什么用呢？虽说一枚棋子是独立存在的，但如果不明白在什么时候用在什么位置，就无法与其他棋子以及整体之间产生任何关联，也就无法发挥其真正作用，从而会因一个棋子的失误导致全盘皆输。

读过很多商业书籍，掌握了很多知识，但还是对很多人的现实工作不起作用。究其根本，是这种人把多数时间都用在了积累知识上，但积累知识和运用知识是完全不同的两回事。就好比手握一枚棋子，在即将出手之前，却还没有掌握整盘棋局的态势，这肯定是会输的。因此，一定要理解整个计划的过程概况。

第三，了解成果的作用和制作时间。

计划是分阶段进行的，每个阶段都有其应该发挥的作用，每个步骤最后都有其相应的成果。要想达到自己需要的成果，是非常需要技巧的。要掌握技巧，理解技巧的用处，就像是一篇文章的上下文衔接一样重要。因此，之前所说的理解整个计划的过程是不可或缺的。所谓整个过程，换句话说，就是一个故事，在"这样做就会变成这样"的整体形象中，要理解各自的成果有着怎样的作用。

第四，可以做出成绩。

理解整体，知道用什么技巧之后，就是动手付诸实践，光是看书是无法得出任何结论的，实际动手才是最重要的。读了本书，就会明白今后练习和实践的方法。

如果您阅读本书，能够达成以上这四个目标，您就可以得到计划的过程和技巧，以及项目文件的制作方法。

"没有学过计划的技能，我没有自信，所以想重新学习。"

"马上面临晋升，因此想学习怎样制订计划。"

"想教下属，但不知道怎么教才好。"

回答这样的烦恼是本书的基本作用。

目 录 contents

任务化过程与任务分解

总结

计划的目的

如何避免制订出无效计划

以数据为基准，统揽全局

计划的意义在于凸显成果

如何避免制订出无效计划

请大家考虑一下，计划是为了什么而制订的呢？

本书以项目管理为基础，可能很多人会说："我的工作并不是像普通项目那样做的。"但其实不是这样的，项目本来就不是那么简单的，之后我会介绍一下和大家工作密切相关的关于项目的定义。

所谓项目，请单纯地将其视为一份工作。那么，伴随计划而来的问题有什么呢（图1-1）？

❶ 制订计划时就知道本身并不可行

❷ 细节很详细，但整体却毫无头绪

❸ 总是在计划的中后期出现很多漏洞

❹ 开始着手进行工作后，计划外的事项层出不穷

图1-1

从现在开始，我们按顺序来看。

第一，客观的计划。

❶ 是不可能完成的计划。例如，在软件开发项目中，有时会出现强行按时交货的计划（图1-2），完全不考虑实际情况。我在行业交流会这样的场合经常被客户问："无论怎样都不能按时交货，预算又被严格限制，有没有什么办法可以解决？"我的回答是："没有，我们再怎么努力也不能完全掌控一切。"

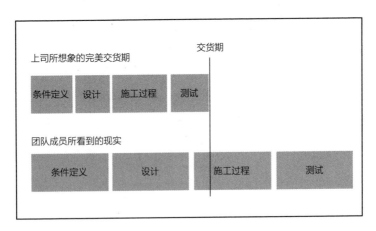

图1-2

设定一个完全乱来的QCD（Quality, Cost, Delivery），即品质、成本、交付。虽然知道不可能完成，但也不会选择去修改计划，现实生活中没有能解决这种难题的魔法杖。胡乱制订计划的人会说"随着项目的推进，生产率也会逐步提高"这样的话，但听到这些计划后的我只会想：那种计划至今为止成功过吗？还是之前的那句话，谁都不能改变时间或者掌控一切。要改变现状，只有改变方法才可以行得通。

❷是仅凭细节无法理解和执行的计划（图1-3）。比如，要在一天之内完成这些工作，虽然写着"11月12日任务E一定会结束"，但我们又不是占卜师，谁都无法预测当天会出现什么突发事件。因此，过于细致的计划只是在束缚项目成员，导致员工在项目实行的过程中缩手缩脚，时刻都在担心因为诸多细节的影响导致当天的任务量无法完成。

11/8	11/9	11/10	11/11	11/12	11/13	11/14	11/15	11/16	11/17	11/18	11/19	11/20
任务A	任务B	任务C	任务D	任务E	任务F	任务G	任务H	任务I	任务J	任务K	任务L	任务M

图1-3

第二，这也没有，那也没有。

❸是经常有被漏掉任务的计划（图1-4）。过程中不断被

加上新任务，导致出现"这个也必须做，那个也必须做"的情况。理所当然，当初没有设想的内容不会列入计划，所以在仅有的日程上也同样没有被考虑进去，那怎样办才好呢？加班，加班，继续加班，或者偷工减料，而偷工减料最先省略的就是验证品质的过程。因此，项目的成果交给客户或者出现在市场上之后，才会发现各种错误，导致客户不再信任自己的公司，这样是得不偿失的，也会影响公司的声誉。

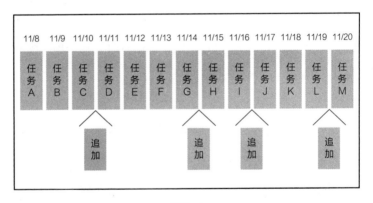

图1-4

❹是开始执行任务后，发现某个环节出现了问题，大家会进入一种无奈的等待状态（图1-5）。例如，如果A、B、C的任务后面有D的任务，而C的任务没有完成，那D的任务就无法开始。这时候，上司会对D说："并不是需要全部完成

吧，不是有能先动手的部分吗？"但在必要资料不齐全的阶
段，即使抢先推进任务，生产率也无法提高，最终只能等待C
的任务完成以后，才能重新做任务。由于C这个环节的生产率
下降，不得不把返工的时间也纳入计划，从而导致整个计划
推迟，这是因为不知道任务之间的依赖关系而引起的。

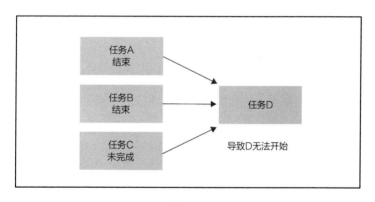

图1-5

实际上，即使是经验丰富的项目经理，能明确理解这种
依赖关系的人也很少。所谓依赖关系，严格来说并不只是顺
序。在项目管理中，经常将任务的顺序设定为1号、2号和3
号，如果只按顺序，则可以适当设定，但如果不采用别的方
法，就不知道伙伴之间的依赖关系。关于这个方法，本书在
之后会有详细的解说。

第三，计划不好的话，不可能顺利进行。

我经常会看到很多没有任何意义也谈不上有效率的计划，这些没有意义的计划通常都具备多个相同的特征。那计划究竟是为了什么，有效率的计划又必须具备什么样的条件呢？通俗来说，计划就是一个项目的地图和路线，处于最上游，是项目的开端，如果计划做得不顺利，结果就不可能顺利。

以数据为基准，统揽全局

在平时的工作中，上司经常会对下属用"请遵守计划"来表达要求，但我想说的是，计划并不是用来遵守的。制订计划说到底是为了保护QCD的手段，QCD是目标，计划是手段，遵守不是目标的计划是非常荒谬的。

计划就是路线

所谓计划，通俗来讲就是路线，可以比作汽车的电子导航。汽车导航在设置目的地之后，可以提供多条路线供人选择，比如收费道路优先、免费道路优先、距离近的道路优先，等等，为了到达目的地所使用的路线就是所谓的计划。

　　路线是用来给人参考的，如果必须严格遵守汽车导航的路线，不可以随意更换，不允许有一点儿偏离，那应该不会有人再使用汽车导航了。换一种说法就是，用这个汽车导航给出的路线和实际情况进行比较，然后来确定自己现在行驶在哪里，有没有按照路线行驶，是否已经偏离了路线。以导航提供的数据为基准，再加上自身的判断，这才是计划。

　　在遵守计划方面，偶尔会因为某些事情导致计划的推迟，我们这时就会思考如何能够重新按照计划行事。在这里，我希望大家一定要知道，计划是无法重新开始的，因为谁都无法将时间倒流，既然已经推迟了，就应该马上想它的应对之策。认为已经过去的事情可以恢复原状是非常荒谬的，也是非常不负责任的想法。

　　例如，当一个计划推迟3天的时候，就会有人站出来问"怎么样将这3天的时间找回来"的问题，这个问题本身就是没有答案的，与其这样，还不如抓紧时间设计如何在结束之前搞定项目，加紧去执行。也就是说，计划是需要经常重新审视的。因此，以为从最初就可以制订完美的计划，这种想法大都是非常不现实的。

制订计划时很开心

我们小时候都给自己制订过暑假或寒假的作业计划，回想一下，那时的计划进行得顺利吗？我小的时候，制订的暑假作业计划都非常完美，虽然计划很完美，但更多的时候都是临近暑假结束前才会开始写作业，基本选择在8月27日左右开始，也就是说，离新学期开学只剩下5天。花5天的时间去写40天左右的绘画日记，真是哭的心都有了，除了痛苦以外，什么都无法代替当时的那种心情。

单纯去看当时制订的计划，本身还是很完美的，并且制订计划的时候也很开心，感觉自己一定会有一个很愉快的假期，并且计划也一定能进展得很顺利，就是没有考虑现实因素。想得很好，现实生活中却不能实行，那种计划只是凭心情的好坏来制订的。虽然也许会被别人说："这可能是你偷懒的缘故吧？"但我们在大多数孩子身上都能看到这样的情况，他们会制订出一个无法付诸行动的计划，并且深深地陷于这个计划之中。因此，计划并不是要遵守的，也不是要对制订计划的过程感到快乐，它只是一个基准，一个让我们可以随时纵观全局，让结果更加美好的基准。请一定要牢记这条规则。

计划的意义在于凸显成果

为什么要有计划呢？制订计划有什么优势吗？我举个例子（图1-6）。

1 可验证项目有无可行性

2 条理清晰，工作容易上轨道

3 不同部门和员工之间能够良好沟通

4 可以根据一些突发状况随机应变

图1-6

首先是这个项目是否具有可行性，也就是说，这件事是否行得通。在按部就班的施行过程中，使之发挥作用的计划才能够验证这个项目有没有实现的可能性。

懂得该做什么

其次是毫不犹豫地行动。例如，写书对于作者们来说也是一个项目，出版社的编辑人员通常会告诉我们交稿日期，在商业中就是产品的交货期。虽然交稿日期已经确定，但仅凭这一点还是不知道该从何下手。初稿什么时候结束，最终定稿什么时候结束，当这些具体的日期都知道了，但要写什么、怎么写，还是完全没有头绪，因此，肯定无法在交稿日期截止前完成这本书。

最近，我发表了几篇论文，同样的道理，写论文也是一个项目，如果没有写过论文，就无法想象该怎么写。很多人都在大学毕业时写过论文，也有可能参加过各种资格考试，在这种时候，如果不清楚在何种流程下完成，就无从下手。虽说心里很着急，但就是无法在短时间内开始。如果制订了计划，就不会对现在或接下来该做什么感到困惑，而是毫不犹豫地按照计划付诸行动。

计划是一边沟通一边制订的

再次是沟通。如果上司只知道下达"项目计划要下个月的月末之前交上来"这样的口头指示，那其实是推卸责任的一种行为，因为你不知道那个计划是否妥当，和哪个部门的哪些人有关联，是否和相关人员已经达成共识。但是，如果有计划就可以一起确认，能够做到与工作伙伴的信息共享，与员工之间能取得交流。所谓的计划，是通过随时的沟通来确定相互之间有哪些不同点的。特别是在团队成员偏多时，沟通更是必不可少的，通过这些才能制订一份让大家都满意的计划。

我作为IT系统的项目经理，所涉及的关联部门很多。用户因为没有项目管理和IT系统的专业知识，所以我站在用户的角度，作为项目专家与IT方面的专家介入，向供应商提出各种要求，比如请按这样制订计划、资料，请按用户更易懂的方式制作等，或是起到监理公司的作用，询问项目的进展和具体过程，感觉就像是建筑公司的现场监督一样。IT系统的构建，有各种各样的利益相关人员，包括供应商和使用系统的用户。我必须一边调整这些利益相关人员的意见，一边调整计划，而计划一定要凸显出成果，让所有人都能看到并确认才是关键。

项目成功的关键在于建立和维护共识。在供应商和用户之间达成某种共识，即使同样是对待用户，信息系统部门和用户部门考虑的问题也会完全不同。因此，和预想的情况不一样，和听到的东西不一样，和理解的东西不一样等情况经常出现。如果在意识上有差异，而最后为了避免这些差异，重新返工的次数也会随之增加。因此，必须根据计划让所有成员确认时间、工作量、进度等内容，达到在所有人面前的差异是最小的。如果大家对项目的理解完全不一致，该项目就会因为需要面对来自各方面的压力而流产。因此，一份好的计划作为一种交流工具，在项目中发挥着极其重要的作用。

因为有路线（计划），所以可以再探索

最后是可以变更。刚刚提到了汽车导航给出的路线，通常虽然导航仪指示了路线，但因为堵车偏离了主干道、忘记在交叉路口进入右转道而直行、不小心走错路、想靠近便利店等各种理由会导致我们偏离路线。那在这个时候，您可以重新搜索路线，并选择更合适的路线。

为什么可以再次探索路线呢？这是因为没有计划就不存在变更。之前已经选好导航的路线了，也就是说已经制订了计划，所以要在这个基础上多考虑一些，以此作为基准进行修改。偶尔会有人说："即使我们制订了计划，到后来也总会

变更或修改，所以就没必要制订计划了。"其实并不是这样的，正因为会变更，所以必须制订计划，不存在的东西谈不上变更。我们应该在最初的导航仪所制订路线的基础上，修正现在的行车路线，也就是修正项目的行进路线。

如果能制订计划，就能明白此项目是否具有可行性，知道下一个步骤，知道现在该做什么，接下来该做什么，它也能成为获得共识的交流工具。并且，如果偏离了最初的计划，也能变更和修正。因此，一份好的计划，最基础、最重要的就是以上这四个功能。

02

计划的完整流程

计划的"敌人"——不确定性

从本章开始，我们开始全面介绍关于计划的整个流程。本书的设想是以某一个项目的计划书为基础，所以要了解计划流程。首先，必须知道项目是什么，就像在第一章说明的那样，所谓项目，请单纯地视为一份工作。

项目管理知识体系（Project Management Body of Knowledge，简写为PMBOK）（图2-1），定义是为创造自己的产品、服务、产权而实施的有期性业务。这不是立刻就能明白的一句话，需要仔细地揣摩，才可以真正理解。

为创造自己的产品、服务、产权而实施的有期性业务

《项目管理知识体系指南》（第5版）

图2-1

项目的三个特点

那么，让我们将项目管理知识体系简单地分解一下吧，我们通常认为项目管理知识体系有三个特征（图2-2）。

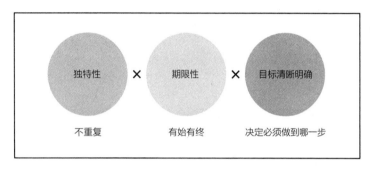

图2-2

第一个是独特性，也就是说没有重复。比如盖房子，这可以算是项目，通常不会在同一个地方用同一种设计来盖房子。再比如汽车生产线，只要生产线运转，就一直以同样的设计工艺反复制造同样质量的车，但是项目并没有重复，这是它的特点之一。

第二个是期限性。有始有终，肯定会有交货期，规定了在什么时间里必须做什么。

第三个是目标清晰明确。这是已经确定目标是什么而做一件事情的意思。

以上这些是项目管理知识体系的三个特征。

把没有经历过的事按时完成

文件、财务、企划、营销、生产管理等工作，在公司内部都有对应的岗位，把这些全部划分期限，在什么时候必须做什么，这些工作基本上都可以被认为是不同的项目。即使没有明确说明这是项目或项目性的活动，也都可以作为项目来进行管理。

根据项目管理知识体系的三个特征，可以将"PMBOK"中的项目定义换一种说法（图2-3）。

将未曾做过的事情以及不知道接下来
会发生什么的事情制订计划，并按照
计划进行，且在期限内完成

图2-3

把没做过的事和情况不明的事情做成计划，并按照计划让它在一定时间内结束，这称为一个项目，我们的工作几乎都是这样的。例如，策划产品、活动、面向客户的提案，等等。另外，婚礼、考试、学习其实也可以认为是一个项目，这些事情的规矩和结尾（交货期）是固定的。

做没做过的事，因为没做过，所以不知道接下来会发生什么，也许会发生令人头疼的问题，也许会发生意想不到的事件。因此，为了应对很多突发状况，必须事先决定好结束日期，否则既无法从客户手中收取相应的工作报酬，也无法在公司内部通过预算的审批，导致后续的问题非常麻烦与棘手。所以，有一个完善的计划非常重要。

项目的不确定性

尽管如此，我们在日常工作和生活中仍然经常遇到计划不起作用的情况，这又是为什么呢？这是因为任何事都有不确定性，不确定性意味着不尝试一下就不会知道。图2-4是不确定性简示图，也被称为"不确定性玉米"，图中呈现比较明显的不确定性，横轴表示时间的经过，纵轴表示各自项目的预测。图的横轴标签以软件项目为例，所以请在自己的大脑中时刻提醒自己，每个项目都存在着不确定性。

现对此图进行说明，纵轴是这项工作大概有50个小时就

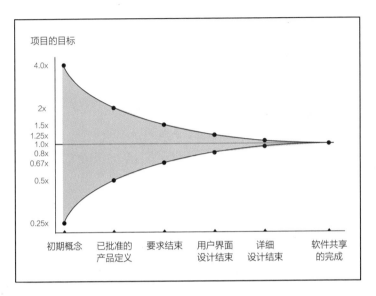

图2-4

能完成，30个小时左右没问题这样的时间估算，也有工数报
价的说法，横轴是时间的推移。项目完成时刻的工数称为纵
轴1.0x，把"1.0"项目的实际使用时间设为"1.0"，比例表
示了迄今为止的项目各时的报价。

初期概念表示的是4.0x到0.25x的宽度。例如，有的项目
结束后花费了1000个小时，估算项目开始时间为4000小时
（4.0×1000），也有人估算为250小时（0.25×1000）。因为没
做过，所以不知道要花多长时间。初期概念的时间预算有16

倍的差距，不过，这个16倍的差距随着时间的推移在快速地缩小。

预估没有正确和错误之分

在一个新的项目开始时，谁也无法预测会发生什么，也不知道应该怎样去做。因此，在估算一个项目需要花费多少时间的情况下，根据经验的不同和掌握的知识不同，会导致预测的结果有很大差异。上司虽然说"这么简单的项目只需两天就能解决"这样的话，但如果让项目负责人自身来推测，也许会花上一周时间，这就是非常大的差距。

作为项目成员，通常会比旁观者能考虑到更多方面的风险，会预留更充裕的时间来检测实践与预估之间的差距。当我们向上司提出需要更多的时间才能完成这个项目的条件时，却得不到上司的允许，只会得到"怎么想也不用花那么多时间吧"或是"客户怎么可能同意那样的日期"这样的回答。因此，要想让自己的计划得到批准，只有和上司沟通具体的困难与风险。大家都会尽力而为，但也都知道项目本身是很棘手的。

更糟糕的是，估算时间并没有正确答案与错误答案。项

目不着手动工，就无法知道真正需要多少时间。即使最终在
1000小时内结束，但在项目开始时，通常都纠结于到底是需
要花费4000小时，还是只需要花费250小时。因此，团队成
员只能疑惑地猜想：应该不能在那个时间段内完成吧。

不知道什么时候结束的"死亡征途"

如果不能很好地掌控只有尝试才知道的不确定性，项目
就很容易陷入"黑色征途"。在网络上经常会出现"黑色星
期五"和"黑色周末"的话题，多是指在工作上的熬夜、深
夜加班等情况，但这些话题却与我现在要讲的概念完全不同。
如果能知道这个项目可以在本周结束或是今晚结束，就不是
黑色征途的一种状态了，只有不知道项目什么时候结束，才
能称为"黑色征途"。因为你不知道还有多少个周末需要这样
度过，项目已经失去控制，也就是说不管怎样努力都很难在
短期内看到结果，也看不到终结的状况，这才是"黑色征途"
令人恐慌的地方。

在保持不确定性的状态下进行一个项目经常会出现各种
问题，频繁出现意外状况，导致在解决这个问题的同时带来
另一个新问题，周而复始，恶性循环。同时，如果"顾客就

是上帝"这种想法根深蒂固，那就意味着我们必须随时应对顾客各种不讲理的要求。如果是软件，会被客户说"总之快点儿让我看到我想要的东西"或是"每天快点儿发布过程"这样荒唐的话；如果客户打来电话，也必须顶着压力与怒气说："明天肯定做出来。"如果顾客的要求越来越多，上司的要求也会随之增多，最后导致不顾后果地做一个没有安全保障的项目。

因为没有做过，所以才有价值

没有任何一个项目（工作）是没有风险的，风险与机遇并存。最容易成功的项目就是做别人没做过的，也因为没有先例，在项目进行过程中无法预测会发生什么。尽管如此，项目还是要做，在过程中肯定存在着很多不确定性因素，但做没做过的事才会有价值，也才会有成果。如果模仿竞争对手公司已经开发过的产品，在开支少、省时省力的同时，它并不会给你带来很大的经济效益，因为你并不具有唯一性。做没做过的事，虽说承担风险，但却是值得的。当这个风险被市场接受的时候，就会有巨大的收益，我们的工作就是因为不确定性而产生能够占领更多市场的成果。

不确定性不会消失，那就只有尽量去掌控它。就像冲浪一样，波浪越大，风险越大，但同时得到的动力也越多。所以，我们有必要考虑如何更好地应对这种风险。

掌控不确定性的 3 种方法

如何才能自如地掌控项目的不确定性呢？我认为主要有3
种方法（图2-5）。

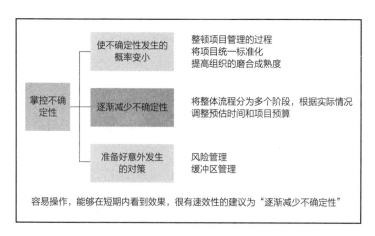

图2-5

提高组织的成熟度

第一种方法是让不确定性发生的概率变小，换句话说，就是整顿项目管理的过程，将这个项目的标准化进行统一，提高组织的磨合度与成熟度。这样的话，不确定性就会随着组织的整体化而变小，反之，如果组织没有标准统一的工作方法或是经验，不确定性就会越来越大。

为了减小不确定性的初期值，需要尽全力去培养熟悉整个项目整备过程的人才，这种方法会花费很多时间，正常来说最低也需要3～5年。花费那么多的人力、物力和财力，随之带来的效果自然也非常明显。因此，这种脚踏实地的方法还是非常值得推荐的。

做有经验的事，也要制订计划

第二种方法是逐渐减少不确定性。阶段性地减小项目本身带来的不确定性，根据每一步做出的决策使项目整体的不确定性发生的概率降低。以现在所知道的事为基础制订计划，进而实施计划，如果在这个阶段看到距离实现最终目标更进一步的信息，再通过这个信息制订下一个计划。步步为营，逐步详细化，不确定性就会慢慢变小。

例如，根据最初的预算认为可能需要20小时的工作时间，当项目开始运作以后，经过1～2个小时的工作，重新预估还需要多少时间可以完成，就会渐渐明白这20小时是否合适。只是凭感觉去预估，永远不能和自己动手相比，只有开始做才会明白。所以，在懂得接下来需要多久的时候再修改计划，这样做，不确定性就会越来越小。

留出富余的时间与精力

第三种方法是准备好发生意外时的对策。即使采取了以上讲述的方法，也不是说发生不确定性的概率就会变成零。项目在运作过程中必然会发生计划以外的事件，因此，对于计划外的事件要预先考虑风险对策和富余时间。这个富余时间就类似于汽车的安全气囊，无论发生什么事情，都要预先留出时间，这是提前准备应付意外状况的对策，也是非常重要的。但这个对策需要上面的两个方法作为铺垫，否则，在没有过程和计划的情况下，无论什么样的风险对策与富余时间都不会起到作用。

最初采取的方法是"慢慢变小"

减小不确定性的发生概率，在项目进行过程中逐步减少不确定性，以及准备好发生意外时的风险对策，这三种方法对于掌握不确定性非常有效。在这里，我希望大家特别注意的是第二种方法——逐步减小不确定性。这种方法容易实践，能够在短期内看到效果，具有速效性。

我刚刚进入咨询行业的时候，工作中经常同时使用这三种方法。用第一种方法导入轻量的过程，然后通过第二种方法掌控进行中的项目，并且用第三种方法导入充裕的时间进行管理，但同时采用这三种方法需要得到管理层的允许。

作为一个公司团体，在没有任何前车之鉴的情况下让领导做出一些改变是比较困难的。所以，希望大家在自己的项目和工作中先取得一定的成果，然后横向展开，在打好坚实基础的前提下，由底部向上逐渐渗透，最终让管理层信任自己。

计划的 7 个步骤

项目定位

要说项目为何而存在，其实是为了将战略与实践结合起来。作为企业的方针，战略决定了提供什么样的价值给顾客，同时与竞争企业谋求差异化。想要把战略变成现实，就必须付诸行动，这就是项目。通过将战略转换成多个项目并执行，需要由多个过程来执行，最终这个过程被转换成为达到目标而进行的活动（图2-6）。

制订计划必须理解战略、项目、过程和活动之间的关系。项目本身并没有任何价值，只有与战略相匹配才能体现其存在的价值。如果只看项目而不去考虑其他三项，盲目地付诸行动，那么在项目结束之后才会发现这和当初的设想完全不同。因此，制订计划时也需要考虑到能否实现战略目标的观点。

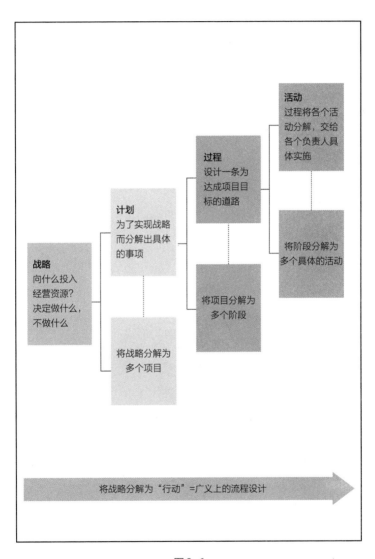

活动
过程将各个活动分解，交给各个负责人具体实施

过程
设计一条为达成项目目标的道路

计划
为了实现战略而分解出具体的事项

战略
向什么投入经营资源？决定做什么，不做什么

将阶段分解为多个具体的活动

将项目分解为多个阶段

将战略分解为多个项目

将战略分解为"行动"=广义上的流程设计

图2-6

战略翻译者的意识

战略对于公司来说是对全局的筹划和指导，换句话说，就是公司为了要实现的目标针对接下来要做的事情开始立项。作为公司来说，在实现自己战略目标的同时必须从另一方面着手做些什么。在工作中，我偶尔会看到一些项目负责人经常遇到改变计划或者调整最终目标等问题时为难的样子，那是因为公司的指挥层对于"企业想做的事情等于战略"的理解不足。这和承包工程是一样的，如果不了解客户在这个项目中想要达成什么目的，那么无论你怎样努力，都不会让客户满意，公司也无法取得成功。

战略—计划—过程—活动，换句话说，就是将战略转换成执行的过程，要求项目负责人不是单纯的执行人员，对于整个项目的筹划和指导要有着战略翻译者的意识。

项目有三个流程

在这里，让我们来看看项目过程的整体情况。项目主要分为三个部分，分别是项目指挥、项目管理和项目执行（图2-7）。

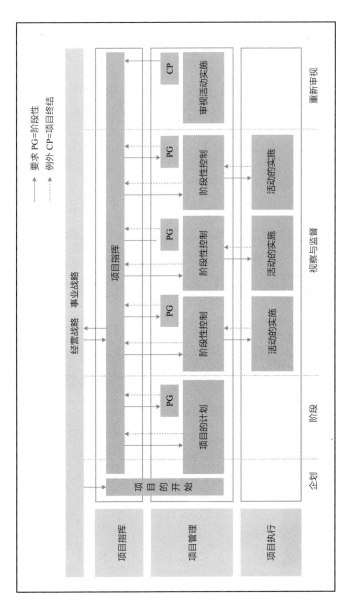

图 2-7

第一部分是项目指挥，指接受公司所提出的战略方向，然后对立项提出各项要求。根据以上的各种要求，确保人员、物品、金钱等资源落实到位，项目负责人的任命也是项目指挥的重要作用之一。项目执行期间，实时监管项目是否在朝着预期的方向前进，在必要时修改流程，承担这个职责的多是项目的所有者。

第二部分是项目管理，主要负责从接手项目开始，将其纳入整个项目计划中，然后进行综合管理的执行过程。项目管理的过程一般分为两种，一种是全局性控制，另一种是阶段性控制。阶段性控制的出现是因为个别项目工程的工期跨度能够达到很多年的情况，在这种情况下，与其把项目作为一个大项目来处理，不如把项目分成多个阶段来处理更加容易。项目指挥在各个阶段的衔接处，进行项目的现状把握与修正，从而使项目能够如期完成。

第三部分是项目执行，主要是规划、设计、制造商品等实际作业的过程。

项目管理流程

项目在管理过程中大致分为企划、计划、执行、监督控制和最终确认这5个流程（图2-8）。

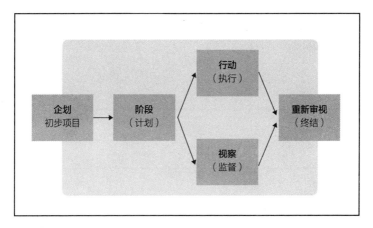

图2-8

企划就是要做什么以及要怎么做，计划是怎样进行并付诸实行，执行期间一定要好好掌控与监督，在项目的最后，不是把这个项目按时交工就达成了目的，还要进行一次对这次工作的回顾，如这次学到了什么？在工作中有哪些不足？在接下来的工作中需要注意什么？

一般所说的计划是这个图的企划和段落性计划，本书主要把企划和段落性计划作为表述对象（图2-9）。

如果将计划再细致划分，可以主要分为以下7个步骤（图2-10）。

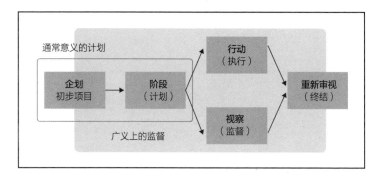

图2-9

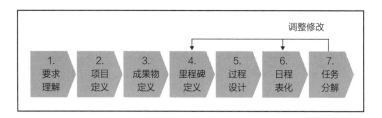

图2-10

步骤1：要求理解——你需要什么

步骤2：项目定义——你要做什么

步骤3：成果物定义——要做出什么成绩

步骤4：里程碑定义——要做到什么样，到哪个阶段才可以结束

步骤5：过程设计——如何进行

步骤6：日程表化——在什么时候应该做些什么

步骤7：任务分解——有哪些工作需要做

这7个步骤并不代表着必须按照顺序由步骤1到步骤7进行下去，而是根据项目的不同情况穿插进行。另外，并不是所有的项目都必须做到这些步骤，多是根据项目的规模、难易度和新颖性来选择具体做到哪些步骤（图2-11）。

对于以上的7个步骤，就像大家所看到的，都有各自对应的问题。例如，步骤1要求理解的问题是你需要什么，所谓的计划，也可以说是回答这个问题的过程。将每个问题的答案都转换成书面形式，就是每个步骤最终要达成的成果。

步骤1：你需要什么→老板（客户）的工作说明书（Statement of Work，SOW）

步骤2：你要做什么 → 项目包租

步骤3：要做出什么成绩 → WBS（工作、突破、结构）

步骤4：要做到什么样，到哪个层次才可以结束 → 里程碑图

步骤5：如何进行 → 流程图

步骤6：在什么时候应该做些什么 → 甘特图

步骤7：有哪些工作需要做 → 监督表

本章的前一部分讲述的是，为了减少项目所带来的不确定性，我们有三种方法，并且希望大家最先采取的是逐步减

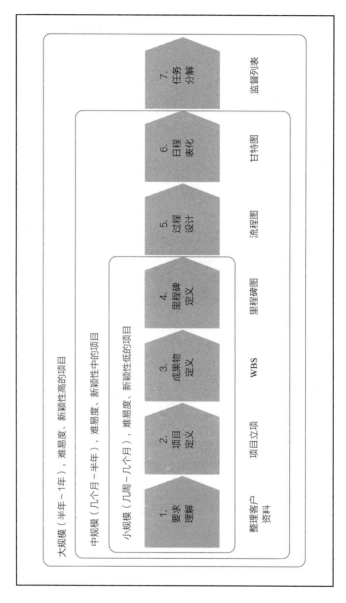

图 2-11

大规模（半年～1年），难易度、新颖性高的项目

中规模（几个月～半年），难易度、新颖性中的项目

小规模（几周～几个月），难易度、新颖性低的项目

整理客户资料	项目立项	WBS	里程碑图	流程图	甘特图	监督列表
1.要求理解	2.项目定义	3.成果物定义	4.里程碑定义	5.过程设计	6.日程表化	7.任务分解

少不确定性的方法。通过按照计划的步骤达成预想的结果，

可以阶段性地减少不确定性。

　　以下章节将依次对这7个步骤进行详细的描述与讲解。

03

明确目标，理解步骤的定义

共享目标图像

将抽象化想法变成可执行方案的 6R

以 6R 和 SOW 为基础的项目宪章

本书的基础——研讨会 Q&A

共享目标图像

本章主要列举了计划的7个步骤中的步骤1和步骤2（图3-1），在这两个步骤中明确项目的目标。如同汽车导航，没有设定目的地就不能确定路线一样，一个项目如果没有需要最终达成的目标，也同样无法制订计划，但经常会出现很多在目标没有达成一致、没有共享任何信息的情况下开始付诸行动的项目，也因此导致这些项目在后半段，项目负责人、监督方、实施方都会或多或少地感觉到一切和想象中不一样或者和所追求的东西不一样。

不知道你想做什么

无论什么工作，先应该做到的是目标一致。如果在这上

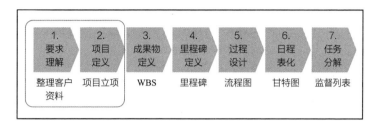

图 3-1

面没有达成共识，就不会有任何值得推敲的计划。在参加项目管理的咨询工作时，我曾经问过前来咨询的多个公司的项目负责人和成员一个问题——日常工作中比较容易困惑的是什么？大家的回答几乎都和不知道上司到底想做什么有关。多数上司说出口的话总是一变再变，具体想要达成什么样的目标也不是很明确，导致员工无法理解公司今后的发展方向，时常感到工作的积极性受挫。

系统工程师在作为项目的IT顾问的时候也是一样。我经常能听到他们吐槽，比如"客户总是毫无征兆地变来变去"或者"根本就不知道客户到底想做什么，他们自己也无法明确地表述"，很少有客户能非常准确地告知"请这样做"或者"就是要做成这样"。

我们可以换位思考一下，如果自己的身份变成对方时，情况又会怎么样呢？比如休息日的时候，家人决定今天去吃意大利料理，当我们和家人到了意大利料理店之后，你是否马上就能决定吃意式香辣面或是一定要吃培根蛋面，通常不会这么容易就决定吧。大家都会一边看菜单一边考虑：好想吃意大利面啊，也好想吃比萨啊，或是吃这个需要配什么酒呢，等等。换成工作的场合也是一样，几乎没有人能在一开始就明确表述自己的要求。这样的话，接受要求的一方，必须通过某种方式让客户来明确方向。

在计划并不明确之前，通过与客户的沟通、倾听对方的要求，找出客户的主要目的和方向。不要敷衍了事，而是要多收集信息，同时过滤无用的信息，避免在计划的中后期与客户出现分歧，然后认真推敲计划，内容是什么、参与的人有哪些、在什么时候，等等，尽可能地考虑周全（图3-2）。

不过，在我们最初倾听之前，一定要首先明确自己想要获取的信息以及具体的沟通对象。就像刚刚的例子，如果把"到底吃什么"这样的思想转换到工作上的话，就会变成这个项目和提议的确不错，但总觉得有些不合适，却又无法明确自己的要求。这样的话，接受要求的一方必须设法让对方清晰地说出自己的想法，在明确到可以放进计划之前，从对方的言谈中提取信息并进行整理，必要时可以与对方更加深入地交流与探讨。

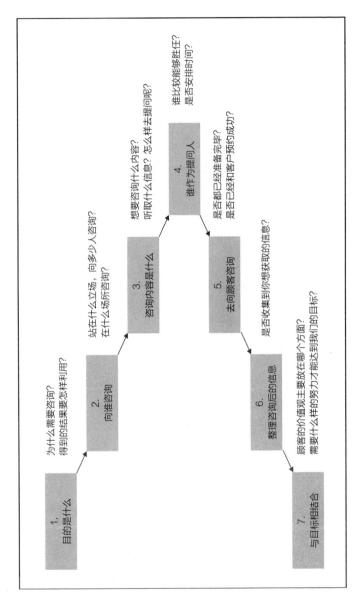

1.
目的是什么

为什么需要咨询？
得到的结果要怎样利用？

2.
向谁咨询

站在什么立场，向多少人咨询？
在什么场所咨询？

3.
咨询内容是什么

想要咨询什么内容？
听取什么信息？怎么样去提问呢？

4.
谁作为提问人

谁比较能够胜任？
是否安排时间？

5.
去向顾客咨询

是否都已经准备完毕？
是否已和客户预约成功？

6.
整理咨询后的信息

是否收集到你想获取的信息？

7.
与目标相结合

顾客的价值观主要放在哪个方面？
需要什么样的努力才能达到我们的目标？

图 3-2

理解规格深处的真正要求

这个时候，有一种很重要的抽象化思维方式，即需要充分理解要求、规格以及指示作业的阶段（图3-3）。

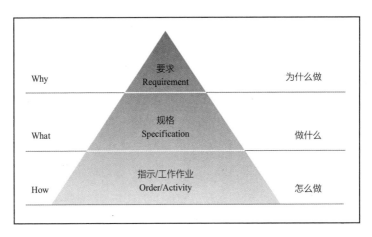

图3-3

所谓要求，顾名思义，指的是想干什么；规格是指用什么手段来满足对方所提出的要求；作业是为了将规格变为实际而采取的具体行动。比如上司说："请策划下个月的促销活动。"促销活动就是手段，这是规格的阶段。举办促销活动，决定向顾客推广新商品的功能，其深处隐藏着想提高公司产品在顾客中的知名度并强化与各零售店之间的关系的要求。上司又会说："促销活动还是很不错的。"这个时候的要求就在这里。

为了满足这一要求，必须采用什么样的方法来做，并把这个内容放进每天的工作计划之中。但一般来讲，顾客和上司都不会说要求，也没有人会告诉你为了什么而做，如果不去提问就没有人告诉你。因此，面对所有事情，重要的是自己要有不懂就问的精神。

如果有人对你说想住在中目黑

如果各位读者作为房地产公司的经营者，接待的客户提出的条件是想住在中目黑①，那么我们可以借此做一个分析。想住在中目黑乍一看是特定的规格，但这是规格的一种形态，之后大家又会问什么呢？房租预算是多少，房间布置以及配套设施怎么样，能够接受离车站有多远，等等。通过这些提问，可以不断地谈论具体要求和内容（图3-4）。

但是，究竟是为什么想住在中目黑呢？如果听了理由，也许我们会认为并没有必要一定要在中目黑安家。假设在当时没有好的房源，客人选择回去再考虑一下，经过一段时间之后，中目黑地段出现了与这位客人要求相符的房源，当我

①　日本东京目黑区中心一个地方名称，交通极为便利。

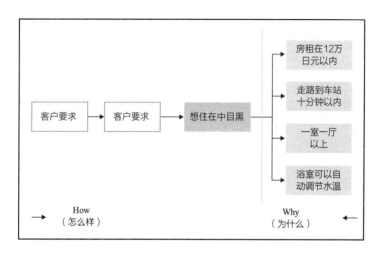

图 3-4

们给客人打电话说："您好，中目黑出了一套和您的条件非常相符的好房源，您有时间可以过来看一下房子。"结果对方说："啊，对不起，我已经决定在吉祥寺①租房子了。"

在很多时候，现实就像和我们开玩笑一样，在工作上遇到更是常事。因此，我们必须理解客户为什么想住在中目黑。比如，想住在知名度高的车站附近，或者想住在更显时尚的区域，还是想把上下班的时间控制在40分钟以内。如果工作地点最近的车站是涩谷站②，那么即使不选择中目黑，也可以

---

① 东京西北郊的生活中心，知名商业区。

② 位于东京涩谷区，是东京的主要公共交通枢纽之一。

选择吉祥寺或其他车站（图 3-5）。因此，当我们接手一个新的项目时，首先要做的就是从客户那里得到更多的有用信息，进而减少我们在工作执行过程中要走的弯路，避免出现与客户想法背道而驰的状况。

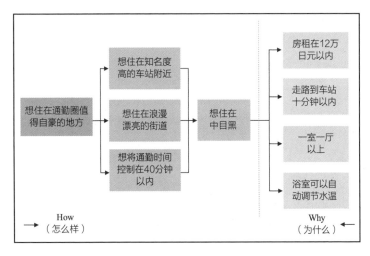

图 3-5

要求写报告书，请问对方用来做什么

很多的项目负责人希望尽可能得到更加具体的指示。比如对方说："请在明天早上之前把报告书交上来。"那么要明确一下自己必须填写的信息、提交的具体时间等问题，通常需要连续地提出具体问题，以确保无误。但仅仅那样是不够的，还必须抓住隐藏在这背后的要求。例如这份报告要用在什么地方、谁会去检阅这份报告等，通过这些来理解上司的想法。

所有的工作都会有一个具体的要求，对此有所了解是非常重要的，但比这些更加重要的，首先是上司的要求，其次是对接客户的要求。抓住客户"想住在上下班非常方便甚至能对人炫耀的地方"这种要求，并且尽力满足对方。如果无法达到客户要求的这两点，即使将中目黑附近再怎么具体化，也没有意义。刚才说到了促销活动，促销活动也有很多的要求，是想维护和销售店铺的关系还是想加深对顾客的了解，或者是扩大自身的知名度？根据上司和客户不同的要求，活动的内容也会随之改变。

客户之所以会产生"和自己想得不一样"的想法，是因为他们从最初就不理解自己真正想做什么。但客户和上司却没有发现这一点，或者说并不想认同这一点，他们并不会说"想住在中目黑，让大家羡慕我"这样的话。中目黑只是一个例子，但多数的案例都和这个案例是一个道理，客户的要求多隐藏在更深处，需要我们不断地去发掘，促销活动也是一样。

将抽象化想法变成可执行方案的 6R

　　将上司的要求最好全部考虑成"譬如……"，因为在大多数公司里，很多上司会突然对下属提出特别抽象的要求，例如，上司通常会说："譬如像那个公司的产品一样。"因为我们只能用语言来向对方传达自己想表达的内容，所以通常一开始表现得比较抽象。当你理解了大体的构架后，必须继续通过语言的技巧让上司或客户提出更加具体的要求。在得到他们某些具体要求的基础上，通过自己的判断再来理解客户的实际要求，从而提出来我们的看法与意见，我们通常会说："那么我认为您更适合……"通过不断地提出疑问与层层判断，逐步将上司所提出的抽象化方案变得具体和清晰。

将项目所有者的要求规范整理的6R

在这里，我们假设一个情景来继续下面的话题。假设公司的董事长对某个项目负责人说："在开发下一个新商品之前，先去考察和调研一下最近的市场环境。"如果我们自己是这个项目的负责人，在得到了领导这样的指示之后应该怎么办呢？只是凭着领导简单的一句话并不能开始任何有效的市场运作。因此，我们必须先理解上司想要什么，去做市场调研的主要方向是什么。多数被委派工作的项目负责人都会苦恼于该将这个问题问到什么程度才能将手里的项目启动，此时最方便简洁的方法就是6R（图3-6），这是将任务执行人应该执行的内容简单明了地整理在一起的方法。

6R 的 内 容 包 括 状 况（Real Situation）、 问 题 意 识（Recognition）、要求（Requirement）这三种，然后在其下分别排列着理由（Reason）、工作范围（Range of work）、结果（Result）这三种。

这六个内容，它们通过自己的方式，表述着各自的问题：

①现在发生了什么事情？

②怎样看待这种情况？

③用什么方法解决？

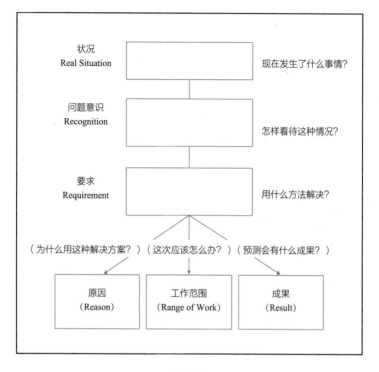

图 3-6

④为什么用这种解决方案？

⑤这次应该怎么办？

⑥预测会有什么成果？

将以上这么多问题全部按照顺序回答之后，就能够明确地把握精髓，并且能预测出最后实现目标的大致范围。以上这些是制订计划时所需要的基本信息。

"所以，我想这样做"

以前文中希望在开发新商品之前先去做市场调研的情况为例，这是要求，但单单只有这个要求是不够的，大家肯定都想知道这个要求更深一层的目的是什么。与"想住在中目黑"还是"想住在让别人羡慕的地方"是一样的。要想知道更深一层的目的，就必须知道原本是什么样的一个情况才能成立这个项目，这是过去发生过还是现在正在发生的状况。所谓真实状况，换句话说就是事实，我们可以把启动项目转换成想去改变现状的状态，对于这些的看法也是问题意识。

状况是事实，对该事实的解释是对问题的意识。通过将事实和解释分开整理，可以得到项目应该做什么的方向性。接下来填写"状况、问题意识、要求"的话，6R 的横线就制作完成了。这样理解下来，就能明白要求的概况，比如，"至今为止都是这样过来的"或是"这是个比较棘手的问题"，"所以，我想这样做"。

为了制订项目计划，在这个基础上还需要更多充分的信息，证实为什么要解决这个问题和为什么要有这样的要求，并且明确为什么以这件事情为目标，为什么此次的范围是这样，以及预测会有怎样的效果和结果。当我们怀揣着问题问到这里后，就可以对项目进行准确的定义。

要求应该有理有据。为什么是这种解决方案以及为什么要求是这样，如果不理解要求的依据就制订计划，有可能会采取错误的手段。譬如，此次的例子是接近"现存市场·新商品"的方法，活用本公司现有资源的方针，如果不理解，有可能会主动探索开发新市场和新商品。如果要求的证据清晰明确，就会了解"那么，这次该做些什么，到什么程度才好"。

6R的用法

接下来，让我们通过图表来简单看一下如何填写6R（图3-7）。

设想刚才提到的希望在新商品开发前进行市场调查的情况。正常情况下，要一边倾听一边填写6R。所谓的状况，也是要求的背景事实，考虑到主题和项目的背景，互相有共识的内容才更加易懂。因此，首先要建立一个有共识的基础——本公司至今为止都靠这种商品的发展产生巨大效益，但是最近却进展缓慢。

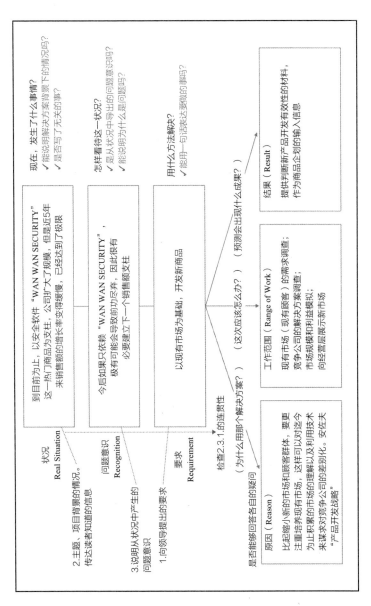

图 3-7

接下来是对于公司的问题意识——如果我们再继续这样下去，公司将面临很大的问题，企业要想继续发展，需要下一个销售高峰。因此，这次想在现有市场的基础上开发新的商品，这就是要求。这时会有许多人提出自己的疑问——为什么要面向现有市场开发新的商品？这也是我们所要采取的产品开发战略。因为比开发一个新的市场，在迄今为止努力开拓出来的市场上投入新产品，风险将会更低，这样的策略也许更适合现在的公司。

清楚了状况、问题意识、要求和意图，那我们接下来应该做什么呢？我们需要调查一下顾客的需求和商品未来的竞争力，分析市场并做模拟演示，这些才是我们要特别注意的范围。

进一步询问期待有什么样的成果

大多数人只要知道范围就会马上停止调查，省略对所有人收集进一步的意见，但这是肯定不够的。在知道了范围之后，更要做全面的分析。例如，目标完成之后期待有怎样的成果，以及项目取得的成果最后是用来做什么的。如果在项目结束后不理解它连接着哪一方，就不明白成果物必须满足怎样的条件。因此，我们应该询问期待的成果、影响和输出的使用方法。

例如，上司对下属说："明天早上之前将营业会议的资料整理好。"通常在这个时候，我们要去考虑上司明天的简单安排。上司通常会想：明天有营业会议，不能两手空空地给大家解说，并且无法回答社长的提问。因此，这时他会选择对下属说："准备好资料。"接受这个要求的下属必须考虑这份资料用来做什么，例如是希望上司能够回答社长的问题。如果明白这一点，应该准备什么样的资料以及具体的成果物，就会变得更加清晰。

此次想让下属准备出来的资料为判断新商品开发的合理性材料以及商品规划的输入信息。也就是说，通过这些资料来进行一个合理的判断，是否可以投资、这种经营战略是否可以实行、小风险是否一定可以换来大回报，等等。另外，还需要准备的是商品开发材料。市场需求和其他公司的真实情况，公司应该朝哪个方向推进才好？问清楚这些，才可以更加明确在项目中应该做什么。

如果有6R，就很容易知道应该问什么以及重点是什么。6R中最重要的是上半部分的框架（状况、问题意识、要求），使用6R可以对上司和客户进行有效信息的整合，通过简单明了的形式来塑造项目形象，以及究竟应该做什么、为什么而行动，等等，这些都清晰明了地展现在客户眼前之后，至于在什么时候该做什么，在日程中具体化即可。如果6R的上半部分能够弄得很清晰，那就可以充分地理解要求。

整合出资人的意见，呈现出最后的6R

6R最初是为项目所有者整理自己的要求而制作的，通常能够站在经营者立场上的人就是公司的董事长，他们的所有时间都会安排得很满，无暇顾及每一个项目，或者说无法腾出时间等着我们将它写好，并且还是他们想要的。如果真的是这样，项目就会因为我们在一定时期内陷入停滞的状态。因此，我们作为执行方，可以向他们提出疑问，得到回答后代写即可。通过双方积极的交流，既可以整理客户自己不知道的关于本项目的专业事项，又可以通过整合老板的要求来理清自己的头绪。

"是不是能够以最近这样的情况为契机发展一下？"

"对于今天的现状，我们能够意识到自己出现了哪些问题？"

"作为公司来说，经营层持有怎样的问题意识？"

"啊，原来如此，所以才有了这样的项目啊！"

"那么，具体到什么时候该做什么呢？"

"您期待着什么样的成果？"

最简单、最基础，也是最有效的问题，以上这些就足够了，这就是咨询意见的过程，同时也是理解出资者想法的过程。但是，在大多数的工作中，即使在这个阶段无法收集这么多的信息，通常也能够继续着手下一步工作。6R的上半部分主要是要求，下半部分主要是方案。作为接受要求的一方，除了方案，比这个更加重要的事是理解对方，也就是出资人的想法。

制约条件和前提条件

在此，将6R的制约条件和前提条件进行一部分的补充。以某一个条件为前提制订一个计划，类似于"请在1月5日，项目的全体成员都能够参加的情况下制订一份计划"或是"以能够确保团队成员连续工作16小时为基础来制订计划"。前提条件是项目能够施行的基础条件，只有在这个基础条件成立的情况下，才能够制订真正的计划。另外，所谓制约条

件，是在这个项目进行时必须遵守的一种条件。比如，为
了与顾客的沟通成立，在×月×日之前提交客户所希望的清
单等。

以 6R 和 SOW 为基础的项目宪章

如果理解了客户的要求，就可以进行到步骤 2 中的项目定义。首先要明确为了什么以及这次要做什么。因为整个项目在推进的过程中，经常会出现无意中使整体方向偏离目标的情况，或者产生"咦，这是为什么而做"这种不知所谓的想法。这是因为在项目初期，我们并没有很好地掌握"为了什么，这次要做什么"，也是没有实现信息共享化而造成的结果。

防止将方法目的化的项目宪章

在定义一个项目的过程中，最重要的是在过程中不要切断与战略的联系。如果明确地把战略和项目分开，战略是战略，项目是项目，这样会形成将方法和手段作为目的化的一种不良趋势，错误地把完成项目本身当作目的，导致背离项目的宗旨，也就是项目最初究竟是为了什么而进行。在明确了项目宗旨的基础上，再通过与项目成员共享以及项目执行中维持与战略的关联，时刻提醒我们的，就是所谓的项目宪章（表3-1）。

项目宪章，通俗来说就是项目的定义书。项目负责人在与客户沟通和交流之后，即使通过这些对话知道了项目的背景、问题意识、要求，但让所有的项目成员都能理解还是非常困难的。作为项目的定义，通过与战略的关联能够与负责执行的成员共同达成对项目更深一步的认识，除此之外，也能够让项目成员以外的其他人员理解与接受，因此，项目宪章在一个项目过程中起着至关重要的作用。

项目宪章主要包括以下内容：

· 项目的使命

· 商务目的

· 项目的目标

· 项目成员

· 项目负责人

表 3-1

项目立项			
			更新日期：2016年12月22日

项目名称：新商品开发的市场调查

项目的使命：掌握现有市场的动向与发展前景

商务目的：
为了创造下一个销售额支柱，在开发新商品之前，调查市场有什么样的需求和困难，并掌握市场规模，提供新商品开发的决定性材料和商品企划的入门信息

项目目标：
结束时间：2017年3月末
预算（金额）：1500万日元

品质：掌握全部的市场动态
评价指标（KPI）

项目成员：

项目负责人：田中太郎

项目所有者：铃木一朗

各阶段的成果	日期	时间
与客户磋商，分析竞争对手	2017年2月	
市场分析，利益模拟结束	2017年3月	
经营层介绍会	2017年3月17日	

•必要的里程碑、所需要的时间

所谓项目的使命，是指在这个项目中主要做什么，如果通过一句话来概括，使命是相对于项目的"what"而做出的解释。用新商品开发的例子来说，它的使命是调查现有市场的需求以及对这个行业的掌握程度。

所谓商务目的，是具备连接战略和项目的功能。换句话说，就是这个项目为什么存在，也是对项目使命的"what"的回答。上面的例子如果只是写"提供新商品开发的决定性材料和商品企划的入门信息"，就无法了解与战略之间的联系了。因此，写上"在实现下一个销售额支柱的新商品开发之前，先调查市场有什么样的需求和容易成为阻碍的点，然后通过这些，再掌握今后的市场规模"，这样就能够明白项目背景与战略的关联。

所谓项目的目标，是项目究竟需要怎么做才是最好的，就是要清晰地写出项目的成功基准。

公司与项目合同

项目宪章并不是在项目开始时签了字就代表着结束，而是通过项目的执行自始至终贯彻下去。在每周的项目进度会议上，全体成员必须在确认项目宪章之后再进行下一步。项目宪章，换句话说就是公司与项目的合同，6R或SOW无论写得多么具体，也只有要求什么样或是例如……而已，说到底是为了将项目的要求明确引导出来并加以整理。

假设大家去买车，如果事先已经决定好车型、款式，这种情况自然另当别论，但如果没有决定好，就会觉得轿车是不错的选择，但家用MPV（多用途汽车）也可以，总之会在不同的车型上犹豫不决，这是因为没有对自己买这款车的主要用途有明确的想法。是想上下班用来代步，还是为了方便和家人自驾出游，抑或想要两者兼顾，这时还无法知道购买的车型和款式。

在这个阶段，如果销售人员突然说："先生（女士），咱们在这边签约吧。"相信没有任何一个人会直接在购车合同上签字。通常的情况是，双方通过沟通来确定客户买车的主要意图，客户通过销售人员了解哪些车的性能比较好，哪些性能在同款价位中是非常出众的之后，最终决定买哪一辆车。为了让这个阶段能够顺利地进行，6R就体现出它的重要性。在提出要求的过程中，客户也能加深对自己要求的理解。但如果不通过项目做决定，仍然无法掌握事件的不确定性，所以，非常有必要和公司或项目所有者经过多方论证之后，一起做出双方都认可的决定，这才是项目宪章。

虽说是项目宪章，但深究起来也不是那么难。简单来讲，是以 6R 和 SOW 为基础，定义为"决定这次就用这个"，并且能够与项目成员达成共享。在项目管理过程中逐步完善，通过该文件的批准，可以将支配组织资源的权限授予项目负责人。

课题日志

在 6R 和项目宪章的制作过程中，虽说与计划并没有直接发生关联，但同时需要做的关键点是课题日志（表 3-2）。在听取项目的要求后，将其纳入计划之中，与此同时，在项目执行过程中，会出现很多必须解决的问题。比如，技术上有不明之处，有技能的员工人数不足，输入的信息不完善，等等。

每天的工作量基本是固定的，每个人都忙忙碌碌，如果在出现问题的时候没有记录，一定很容易被忘记，之后也会在某些环节上出现预想不到的问题。因此，事先准备好记录用的表格，遇到哪些无法解决的课题就马上记录下来，并且把这些作为所有成员的共享文件，谁都可以填写与审查，这能够达到全体项目成员的信息实时共享。

表3-2

课题日志

项目名：____

序号	课题	优先顺位	报告人	负责人	更新日	状态	
1	项目负责人的项目管理经验、技能不足	高	田中	田中	12/12	进行中	申请山田部长进行项目管理
2	因为商品的保密性，很难在市场上得到其他竞争公司的商品信息	高	田中	山田	12/12	进行中	与长期合作的代理店沟通，将商品上传至我们的资料库内
3	推测市场规模的前提，不知道用哪些手段流程	中	田中	佐佐木	12/12	进行中	开发曾经的制品时，有过哪些基准，用哪些流程来调查当时的市场情况
4	没有任何参照物，没有可借鉴的商品成本价格	中	田中		12/12		向经营企划部咨询过去类似项目的收支结果资料
5	作为商品企划的一个必要的信息，不知道需要提供什么样的信息	高	田中	山田	12/12	进行中	根据企划部、开发部的要求，整理与客户咨询的场所

　　如果是第一次被指定为某个项目的负责人，那肯定会在工作中出现管理能力不足的问题。这时应该要做的是通过参加外部研修或者请求擅长项目管理的人出谋划策，通过这样的对策来保障在今后的工作中不出现重大失误，自己也可以从中学会很多未曾学过的管理知识。

　　为了防止出现困难时大家都选择回避的尴尬局面，首先要做的就是分配负责人，并事先决定下一次大家审查项目过程的时间。在每周的项目进展会议上对发生过的错误进行总结和分析，除此之外，项目负责人也需要经常关注课题日志中有哪些问题还没有得到解决。我始终认为出现一些问题不是坏事，可以让项目人员加深对项目的理解。出现问题越早，我们解决问题的时间就越早，能采取的方法和选择也更多。

　　我们再做一个最终的复习。首先听取客户的要求并进行整理，然后通过项目宪章的形式展现在项目成员的面前。在平常的工作中，也许会有人觉得"不用特意做到这种地步吧"或是"特地来做这个太麻烦了"，实际上，即使是我所任职的咨询公司，这些提议最初也还是让大家感到非常困惑，很多人都有这样的疑问——总是做文件又有什么用呢？但项目人员在实际执行的过程中，并没有因此花费过多的时间，反而能很好地整理客户所要求的信息。对于负责的领导来说，也能加深对项目的理解，防止在项目进行中出现偏差，从而导致整个项目的得不偿失。因此，对于现在的公司来说，课题日志已经是我们所有员工必不可少的一道工作程序。

本书的基础——研讨会 Q&A

在第三章的结尾，我要写本书的基础——研讨会的 Q&A
（Questions and Answers）的精华。

课题多的时候，先后顺序怎么分类？

我曾经制作过课题日志的文件，当课题中的问题达到一
定的数量时，应该先解决哪个问题，哪一个问题可以暂时延
后，光是考虑这些，自己的大脑已经变得毫无头绪，也导致
工作无从下手，效率偏低。于是我想到了"优先级"这样的
方法，也就是将这些问题排列好先后顺序，作为一种附加方
法，决定课题日志中问题的高级、中级和低级。那表现方式

是抽象一些比较好，还是用更具体的数字来决定好呢？

优先级无论怎么分，高级肯定会以压倒性的优势占据优先位置。即使"1、2、3"定量地做，也只是把定性的问题指标化，高、中、低的数量并不会发生任何变化。这个时候需要的不是用哪一种方法呈现优先级，而是决定优先顺序，像是软件编程一样的优先顺序。因为如果评级，高级的数量一定增多，应在这个基础上再标明顺序，按重要度排序。无论发生任何事情，按照顺序来做的话，就会减少自己的焦虑，从而让自己的工作效率提高。

试着排列一下，可以判断出哪个更重要。一边判断哪个更重要，一边按照判断的结果来排列顺序就好。即使并没有很好的依据，也可以分为前十和前十以外，首先把焦点放在前十来解决课题就好。

背景状况变了怎么办？

如果参与的是一个长期项目，环境背景很可能会在这个项目进行的过程中发生变化。这时会出现6R和现状不一致的状况。当出现这种局面的时候，我们应该怎么做呢？

也许会与计划稍有不同，项目基本上分成点（时段）、线

（阶段）、面（整体）来管理，比如企划阶段、必要条件的定义阶段、设计阶段等。这些项目的分割点在阶段入口和整体入口，在入口处验证该时段或该阶段的工作是否完成、该项工作是否满足品质，与此同时，还需要根据现状来判断现有方案的方向是否可以继续进行下去。

项目负责人通常无法在项目过程中做出继续或者停止的判断。在他们的头脑中，时刻考虑着如何让项目有条不紊地持续到最后，因此，他们很难做出中途停止或继续下去的指令判断。项目的三个流程中，必须有指挥作用的项目所有者以及高级管理职位的人介入，然后判断此项目是否能够继续进行下去。因此，如果背景发生了变化，项目脱离了最初的目标，就必须由上层领导来决定中止这项事业，这个行为通常被称为项目治理。

例如，市场上面有一个叫"LINE"的即时通信软件，很多人都在使用这个聊天软件。LINE于2011年被推向市场，当时，大部分公司都在进行社交游戏和社交应用的开发，受到LINE急速普及的影响，开发SNS功能的软件公司不得不重新调整公司的决策。当市场发生如此急剧的变化时，高层管理人员作为经营方向的判断者，必须清楚公司的决策是否需要调整以及决定是否跟随趋势。

项目并行进行，其影响如何？

迄今为止的话题中，作为应对不确定性的方法，有一种可以称为缓冲区。我们日常的工作并不是条理分明、直线式地推进，通常会受到并行的项目影响，从而两个项目有了交叉点，因为一个项目而影响了另一个项目。在发生这样的情况时，项目管理的手法才是关键，"约束理论（Theory of Constraints，TOC）"的想法是非常适用于项目管理的。所谓的约束理论，是以色列物理学家，企业管理顾问高德拉特博士在他开创的最优生产技术（Optimized Production Technology，OPT）基础上发展起来的管理哲学，该理论提出了在制造业生产和经营的活动中定义和消除制约因素的一些规范化方法。根据约束理论，所得出来的结论是制造富余的日程和特别紧凑的日程之间的差距作为缓冲。因为超过了本书的范围，所以不再详细说明，如果有兴趣的话，大家可以读一读这个名叫高德拉特的人写的书，他提出了约束理论的《关键链》（Critical Chain）。以小说风格来写项目管理的书，即使当作消遣时间的读物，也是非常有趣的。

04

Chapter
Four

成果和里程碑的定义

制订计划时的铁则——阶段性详细化

明确项目的最终成果

以开发新商品的市场调查为例来写 WBS

里程碑——项目的阶段性成果

制订计划时的铁则——阶段性详细化

通过整理要求和定义项目来确定最终的目标。对于目标，接下来需要明确地知道在什么时候做什么才可以，那就是步骤3的成果物定义和步骤4的里程碑定义（图4-1）。

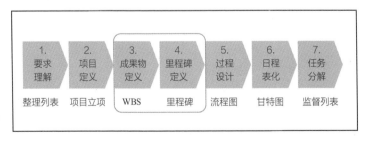

图4-1

这里的要点并不是详细地描述整体，而是先粗略地掌握这是一个什么项目。一旦确定了目标成果，就可以大概预测出在什么时候必须做什么，从而简单地排一下优先顺序。在这里还不是进入详细内容的说明，详细说明是在这之后的步骤中，通过设计过程和调度来进行具体的调整，让项目不断完善，提高计划的精度，这就是所谓的在制订计划时的铁则——阶段性详细化。

突然制订特别细致的计划也没有意义

比如，当我们打算和家人去野外自驾游的时候，出发之前的一周并不会突然决定具体的时间，像是"10点15分从家出发"或是"10点30分进入高速公路"（图4-2）这样。即使针对具体时间做计划，也会遇到种种意外状况，比如高速公路堵车，与预想的时间有了很大的偏差；在服务区停车休息的车辆偏多，导致服务区拥挤而影响到时间安排；等等。更何况在出发前一周，谁也无法预测高速公路是否会堵车，如果堵车会持续多长时间，堵车期间是否还会出现其他意外状况导致耽误的时间更长。因此，在此时做这个特别细致的计划是毫无用处的，不仅费时费力，更会变成无用功。

对于这样的情况，我们给自己的计划留出一个时间范围

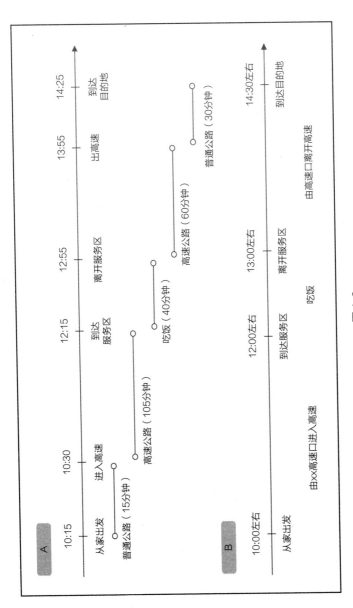

A

10:15　10:30　　　12:15　　　12:55　　　13:55　14:25

从家出发　进入高速　　到达　　离开服务区　　出高速　　到达
　　　　　　　　　　 服务区　　　　　　　　　　　　　 目的地

普通公路（15分钟）

　　　高速公路（105分钟）

　　　　　　　　　吃饭（40分钟）

　　　　　　　　　　　高速公路（60分钟）

　　　　　　　　　　　　　　　普通公路（30分钟）

B

10:00左右　　　　12:00左右　　　13:00左右　　　14:30左右

从家出发　　　到达服务区　　离开服务区　　由高速口离开高速　　到达目的地

由x高速口进入高速　　　　　吃饭

图 4-2

083

就好。例如，大概10点多从家里出来，12点左右到达服务区，在那里简单地吃饭休息，在13点前离开服务区，15点之前总可以到达目的地了。工作也是一样，在制订计划时，首先要大致掌握整个流程。为此，有必要了解必须做的事情，要做到什么时候或者必须做到什么时候。用刚才的例子来说，进入高速公路、在服务区吃饭、离开高速公路都是必须的，但从家里或是服务区出发和到达目的地是转折点。

在总体计划制订的基础上，详细地制订到最近一个小目标的计划就可以了。关于最近从事的工作，因为获取的信息多，也可以很明显地看到在工作中的作用，计划也因此很容易制订。然后，在下一个目标的转折点临近的时候，再制订到之后另一个转折点为止的详细计划，这样继续下去就好。

明确项目的最终成果

为了大致地掌握全体工序，必须明确项目制作的成果物的轮廓。因为如果不知道制作什么，即使是抽象的东西，也不能随意地定为目标。

WBS不是工作分解图

在成果物定义中，主要被广泛使用的是WBS，它是Work Breakdown Structure 的简称，意为工作分解结构，也可以理解为工作分解图。WBS有两种，一种是时间轴的WBS（图4-3），主要表现为过程分解的形式，在一般的系统开发项目中，通常包含计划阶段和要求阶段，可以进行设计、实施和

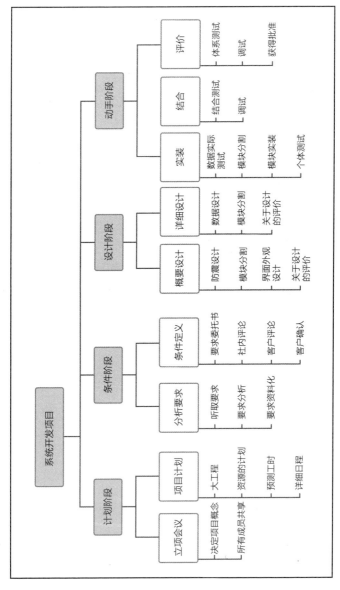

图4-3

分割，时间轴WBS现在广泛应用于各行业。

　　另一种是分解成果物的WBS（图4-4）。所谓成果物，是一个整体的记录，也是一个分解制作的过程。在系统开发中，是以需求规格说明书、设计书、软件等成果物为基础着手进行工作的。

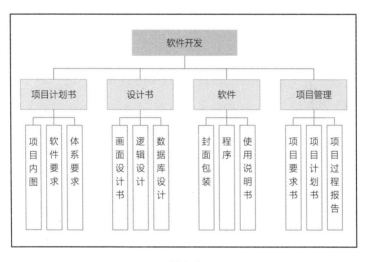

图4-4

　　WBS通常被译为工作分解图。说到工作，很多时候会给人一种刻板的印象，可能会联想到实际进行的动作、任务和活动。但在这里想要明确表达的是，必须清楚输出的是什么，也就是说，最后想要一个什么样的结果。如果一开始都不知道成果是什么，自然就不知道在这个项目进行时应该怎么做。相反，如果明确了要做什么样的输出点，自然也会对需要什么样的项目过程十分清楚。

在日常工作中，我们习惯了将所有的工作流程放到一起进行思考，但这种全面思考的做法只适用于我们有过经验的项目。如果是一个完全没有任何经验的项目，在统一思考并进行了几个步骤后就会发现，原来遗漏了很多没有注意到的细节与要点。无论怎么检查流程单，总觉得应该可以顺利完成，但当实际着手执行之后就会发现种种问题。这是因为项目的最终结果尚未明确就开始启动，导致项目整体偏离了预期轨道，才会不断出现问题。

因此，本书使用两种 WBS 中的分解成果 WBS，也就是将所谓的系统开发按照需求规格说明书、设计书、软件进行分解。无论是成果物 WBS，还是时间轴 WBS，都属于第二阶段的项目管理，将两者结合起来进行思考与运用是最好的方式。

以开发新商品的市场调查为例
来写 WBS

接下来，我将以在第三章中提到的新商品开发的市场调查为例，简单地来制作一份WBS。

请各位读者也务必尝试一下。

首先我们应该尝试着对于之前的6R以及SOW上所写的项目要求决定必须制作什么，然后进行分解。当我们无法找到成果物作为参照时，也可以简单地思考一下我们在进行这项工作之后能够得出什么样的结果。对于项目的诸多要求，如希望做哪些市场分析和预期利益模拟，或是希望准备哪些制作计划的材料和商品规划的材料，根据这些要求可以推算出最后可以得到一个什么样的结果。

在什么地方发现什么样的成果并没有具体规定，可以大胆地发挥。因此，通过仔细观察6R和SOW，从中挖掘出我们想要的最终成果。然后将成果物做出更加大胆的突破。并且要找到吸引我们眼球的是什么，这些包含着怎样的信息以及必须包含怎样的信息，根据这样的构思持续推进就可以。接下来，我将本书的研讨会的Q&A做一次场景再现。

WBS的第二阶段很难

能够到达WBS的第二阶段还是有一定难度的。第二阶段的重点是抓住成果物的要点，单是这一点就已经非常困难。因为多数人已经习惯在工作的过程中去思考，根本没有想过输出的是什么，并不习惯用成果来思考。这种时候，最简单也是最重要的是考虑一下最终的成果是什么。以新商品开发的市场调查项目为例，必须进行竞争分析、调查用户需求、模拟市场，这就是全部的成果。习惯在工作过程中思考是人的自然反应，当我们顺应了自己最自然的反应，就无法发现成果物。所以，首先应该考虑的是最终成果是什么，然后请从那里开始全部的工作。

想做的事情是项目的最终目的。输出要做什么用以及期待怎样的成果？就新商品开发的情况来说，作为新商品开发的决定材料和商品规划的输入材料这两个期待的结果，为了回应这种期待，请考虑一下必须实现什么。

做一件事情的目的通常决定了最终成果物。

通过讨论，提高效率与精确率

下面这个图是我做的工作分解图（图4-5）。这是我按照自己的想法导出的答案，并不能说是正确答案。以下这些，我会说明自己是经过怎样的考虑才制作出来的这个工作分解图。

新商品开发的市场调查项目范围有四个，如果把这些作为成果物表现，可以归结为用户需求分析报告、竞争分析报告、市场分析报告、利益模拟报告。总之，把向顾客听取的内容作为报告做一个总结，分析竞争的商品和对手公司，写成一份报告书。所谓市场分析，是计算市场性和市场规模，以及能否取得实际利益的模拟流程。同时，作为帮助公司经营层判断并决定的重要资料，所有人的准备工作也需要做得很充分。

下面是WBS的第三阶段，主要考虑在第二阶段的成果物

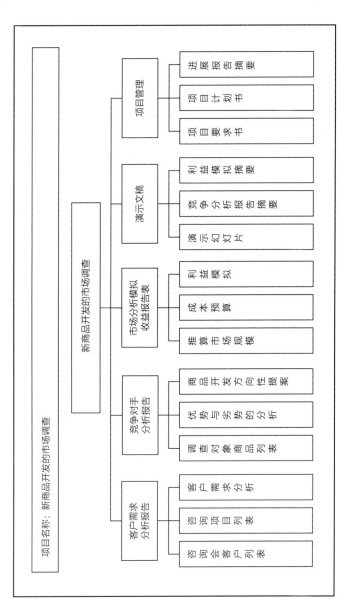

图4-5

中应该包含什么。如果与客户沟通并听取客户的意见，首先需要确认听取名单。那么在这个过程中应该问一些什么呢？这时就需要听取项目列表。仅仅是听取当然不能形成最后的报告，有必要再分析听取的内容，分析客户与己方都有什么样的需求，用户有什么困难，这就是用户需求分析。

如果进行竞争分析，首先要考虑把哪个公司看作竞争对手，把哪个类别的商品作为调查对象，在此基础上实施调查，分析各个企业以及不同商品的特征、优势和弱点。根据所做的分析，提议本公司应该开发怎样的商品才能应对各个竞争对手，争取利润的最大化。

要做市场分析和利益模拟，首先需要知道的是市场规模，同时因为利益是销售额和成本之间的差额，成本估算也是必要的。在演示文稿中，不仅仅是演示幻灯片，最好还要有顾客需求分析、竞争分析、利益模拟、各自的行政附录等。

在这里还是重复一下，以上这些所表达的只是我本人的一个样品，并不是正确答案。WBS并不是经过一次性编辑就可以了，而是要在之后随着工作的推进不断完善。多数情况下，领导会给我们一个平台，在与成员讨论的过程中提高效率与精确率，请客户在适当的时候确认和验证成果是否可以满足原本的要求，这才是最重要的。

100%规则

WBS有一个非常重要的规则——100%规则，与MECE分析法一样。相信知道MECE分析法的人应该很多，它是逻辑思维的基本，是Mutually Exclusive Collectively Exhaustive的简称，意思是相互独立，完全穷尽。那怎样才能去验证这次的项目相互独立，完全穷尽呢？只是依靠制作WBS，是无法分清MECE是否完全应用到位的。实际上，很多项目都使用WBS来管理，但是经常遗漏这个，忘记那个，造成在项目后期增加了很多预想之外的工作的后果。

任何成果都是这样，但一样的想法并不能验证所有的对错。就像我们在回答计算问题后，检查核算时一样。即使重复检查相同的计算过程，也很难发现错误，必须用别的方法计算。所谓成果物WBS，主要是将某些东西加以分解后进行思考，那里没有动作的要素，而是一种静态模式，用同样的静态思考来验证对错也很难找到瑕疵，所以需要从另一个视点，也就是动态视点来进行验证。

静态视点和动态视点

为了制订一个简单有效的计划，必不可少的是静态视点和动态视点这两个关键因素，通过这两个视点慢慢提高精度。在项目进行过程中，反复确认观察，这样才可以做到相互独立，完全穷尽，从而得到最初想要的100%的成果物以及按照计划顺利完成WBS。在制订计划时，按照顺序（依次）单向通行，先做着一个项目，结束后继续下一个，这样的方式是不可能制作出一份令人信服的计划书的。

这样的过程通常被叫作启发式算法（Heuristic Algorithm）。与启发式算法相对的词汇是泛型演算法。泛型演算法是一种计算方法，多用在计算机术语上，代表着通过某个过程一定会得出答案的决定性方法。所谓的启发式算法，其实是一种发现性方法论，是一种一边实行，一边发现错误，纠正之后继续前行的方法论，软件、建筑、教育等行业都是一样。

设计这个行为本身就是启发性的。譬如，设计师在画摩天大楼的平面图时，不做任何先期考量与借鉴思考，不考虑任何建筑合理性，而将设计图完成是肯定不可能的。这些都需要根据可行性来排除掉很多不合理的设计，然后再兼容很多合理的设计，一遍遍地打磨，提高精度才能得出最好的一份设计图纸。项目计划就是项目的设计图纸，在制订项目计划时，非常有必要反复讨论项目的可行性，以及对过程进行反复模拟，避免可能会出现错误的地方。

无论什么技能都是如此，当我们看到专业人员做出来的作品时，会觉得这样的作品自己也可以做出来，为什么别人不愿意相信自己，从而产生一种失落感。那是因为很多人只看最后的结果，也就是最完美的那个作品，却忽视了在这之前需要经历的各种困难。哪怕是业界赫赫有名的大咖，不假思索就可以交出一个完美的作品也是不可能的，一定存在我们说的试行错误。身怀绝技和一无是处的人有一个最明显的差异，就是对失败的态度。前者喜欢失败，后者讨厌失败，喜欢失败的人可以更早地接受失败，也可以比别人更快地获得成功。

里程碑——项目的阶段性成果

接下来转到阶段性成果。阶段性成果就意味着里程碑，既然是里程碑，通常就表示这一段落的重点。因此，阶段性成果并没有任何行动，只是起到一个警醒和提示的作用。它是一种没有时间概念的活动。

因为阶段性成果的存在，可以通过对它的确认，决定项目的推移、检查进展、判断计划进行得是否顺利，以及是否可以实现期待的结果。

"从家出发""到达服务区"等是阶段性成果

以自驾游出去兜风的例子来说，从家出发、到达服务区、由服务区出发和到达目的地这一连串的流程，分别为阶段性成果（图4-6）。

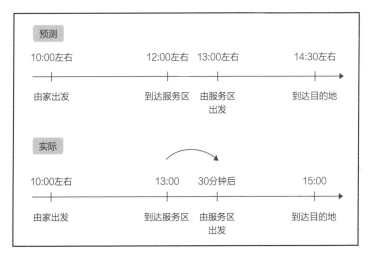

图4-6

自驾游经常会遇到一些突发状况，可能是堵车，也可能是抛锚。因此，行驶到每个阶段都需要进行重点检查。如果中途出现了超时或者其他状况，可以采取"由于到达服务区的时间超过预期，我们节省吃饭的时间，早一点儿出发"这样的对策，尽可能减小超时带来的影响，以免耽误之后的行程。如果忽视这种阶段性成果，就可能导致已经快要接近目的地时才发现，"完蛋了，我们超时很久了"。

以项目进行到什么程度来界定阶段性成果是由项目的性质以及项目负责人的经验来决定的。例如，项目负责人的经验丰富，做过很多相似的项目，那就没有必要把每一个阶段界定得特别细致。如果项目负责人对工作落实得不到位，或者项目本身在行业内就是一个共同的难题，那就非常有必要将阶段性成果做更加细致的区分，从而更好地进行管理。

阶段性成果的四个要点

阶段性成果大致分为四个要点（图4-7），分别是第一阶段的开始与完成，第二阶段的成果物的制作，第三阶段的与外部或客户沟通，第四阶段的项目以外的重点。项目以外的重点虽然没有进入项目计划内的范围，但会给项目本身带来影响。例如，和我们有竞争项目的公司比我们提前完工，或是这个项目必须和其他部门建立多方面的合作，等等。

❶ 阶段的开始与结束

❷ 成果物的完成

❸ 与外部或客户的沟通

❹ 项目以外的重点

图4-7

设置阶段性成果时，要从目标完结时间开始逆向计算。比如，要在3月17日向公司高层开一场介绍会，根据实际的情况，如果需要花一周的时间准备，就必须在3月10日之前将会议需要汇报的内容全部准备完毕（图4-8）。

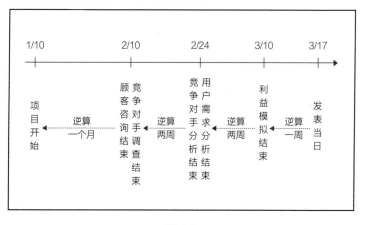

图4-8

介绍会需要用户需求分析、竞争分析和利益模拟这三种报告。能够做成利益模拟的前提是必须有市场和商品开发的方向，才能着手这项工作，因此需要用户需求分析和竞争分析都完全结束。这样继续往前推一周的时间，用户需求分析和竞争分析必须在2月24日之前结束。要按照这样的思路，逆向计算出项目的开始时间。

阶段性成果必须与客户达成一致。在与客户沟通的时候，也许会被要求在分析结果呈现给公司高层领导之前，需要自己进行一次紧密的审核。此时，再把这些作为阶段性成果添加进去就好（图4-9）。

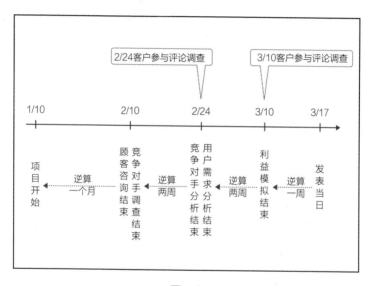

图4-9

在这个阶段并没有做详细的工作报价。但是，即使很抽象也要做一份报告，至少可以让我们明白是否能在规定的期间内找到平衡点。关于这一点，如果是非常勉强的日程表，则必须在近期内仔细地调整供货时间，也就是项目结束时间。

希望大家在这里明白，正因为WBS以成果物为印象，作为阶段性成果，我们才能知道检查重点应该放在什么地方。通过对成果物的想象，我们可以知道分割和检查的起点，仅仅是罗列任务清单，有可能会导致无法区分检查重点。

05 Chapter Five

过程设计

过程的定义

下面进入到过程设计的阶段（图5-1）。

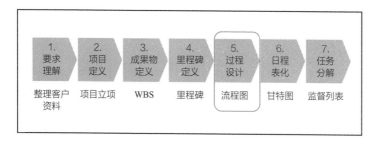

图 5-1

所谓过程设计，就是把过程与过程之间的关联点更加清晰地呈现在人们的面前。那究竟什么是过程呢？所谓过程，就是将某些资源作为输入端进行加工和转换，附加价值后输出的关系。这个输入—过程—输出的关联，形成最终的顾客价值（图5-2）。

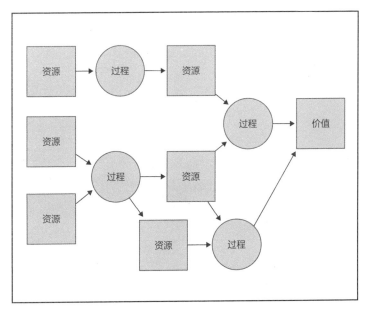

图 5-2

工作、项目和企业活动都是由这个过程连接起来的，过程之间存在互相依赖的关系。一个过程是利用其他过程的输出，通过加工再产生自己的输出，反过来说，自己的输出也同时被用于其他过程的开始。如果能很好地调整几个过程的关系，最终输出的质量就会大幅提高。反之，无论在各个工艺中如何提高品质，如果工艺间的关联没有调整得很好，就有可能导致输出（产品）的质量不高。

以图书出版为例，明晰过程

图5-3展示了商务书籍的撰写过程。

在实际中，我本人是在什么样的情况下写书的，这个过程会在流程图中展现出来。流程图原本主要在软件开发行业被广泛利用，是由清水吉治开发出来的。这是一款非常实用和清晰的商务工具，如果只是在软件行业内使用，实在是非常可惜。因此，无论如何都要在其他行业里大胆地尝试和使用。在这里，作为最终成果物的样本（在正式印刷之前少量印刷的书），能够走到这一步当然也可以视为一个项目，在这之后还有销售流程等其他事项。因此，让我们来试着了解一下样品输出前的状态和流程。

一般来说，写书可能给人一种只是简简单单敲键盘并输

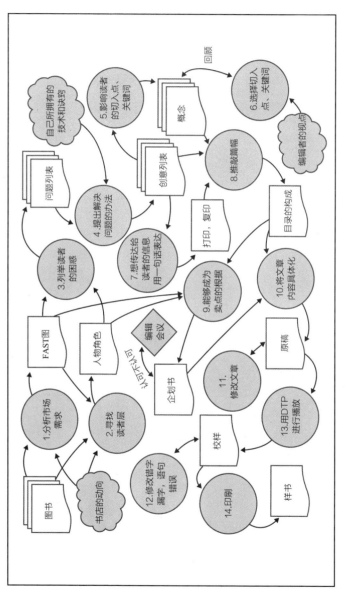

图 5-3

入文字的印象，也就是说，人们往往认为写文章这个行为是写书的重点，实际上却不是。通常在开始写文章之前，整本书构思过程的时间甚至会超过写书的时间。

首先，根据书店的动向和调查的数据来判断现在什么类型的书卖得好，从而分析现在的图书市场需要哪方面的图书。图中的（FAST）图是价值工程中使用的一种逻辑，在分析功能的同时去探索读者形象，当搞清楚读者群后，才能更清楚地设定图书的人物角色。

将（FAST）图表和人物角色作为输入，具体举出那些让读者感到困惑的问题，譬如本书，制订了计划之后，不断地举出不按计划进行的影响因素，或者自己能够制订计划但是没自信执行的问题。这些都是作为问题清单的一种输出，到这里为止都是读者的要求。

如果能够了解读者的需求，接下来就应该考虑自己能提出怎样的解决方案，如果使用自己的技能或建议，是否能够解决读者的问题，这就是创意列表。

写书过程更多的不是写作

如果创意列表设置完成，就可以不加任何修饰地转换成书籍吗？答案是否定的，要想让读者有"看这本书感觉不错，读一读吧"的想法，就需要有理念。如果并不能让读者产生"是啊，确实是这样"或者"我确实有过类似感觉"这样的认同感，这本书自然不会被读者接受，被买回去慢慢阅读也是不可能发生的。因此，我们必须思考怎样能让读者看到之后感觉这是为自己写的一本书，这样才有可能打动读者，譬如本书的理念——生活中非常需要，但谁都不告诉我们的技能，将这些技能形成统一的体系之后，透过图书表达出这样的理念。

书的理念，不是仅有一条就够了，而是要从多方面举例说明，和编辑们一起努力探讨，所有人最后同时认定的理念才是最重要的。书的封面上通常有很多精炼的文字，内容都是基于书的理念，让人可以更快地了解一本书，第一眼就看到书的主题和卖点。在这之后，根据理念和刚刚的创意列表来制作构思列表，推敲章节，再经过仔细推敲章节的结构得出一个基本的目录，这也就是一本书最开始的企划。将这个方案在策划会议或编辑会议上提出，根据大家的意见以及对市场的分析，最终决定是否做这本书。

到这个步骤为止，作为书籍内容的文章正文，却一个字还没写，只是考虑着构成计划。在编辑会议上，如果出现问

题，就对计划加以修改再进行编辑，然后做成校样，并最终
成为一本书。以100%为限的话，到通过策划方案为止，大概
就需要70%左右的劳动量，而真正用来写文章的时间是很短
的。通过这些可视化的过程，我们可以知道书籍的制作都需
要什么，各种信息之间有着怎样的关系。

表示关系，而不是步骤

这里比较重要的是，设计过程并不只是走流程，而是要
将输入—过程—输出之间的关系展现出来。为了便于理解，
通常在图表上标注号码，但这并不表示要严格按照这个顺序
来进行。流程图里没有时间的概念，有的只是输入—过程—
输出的关系，而不是步骤。

流程图的优点之一是即使没有专业的知识，也可以很容
易地掌握要领（图5-4）。标记方法本身非常简单，有输入、
过程和输出这几项就已经足够。实际上，在我从事咨询工作
的时候也是一样，客户通过我的描述能很快理解相关内容。
各位读者看到上述关于书籍的策划流程后，理解起来都会十
分容易。

① 即使没有专业知识也可以理解

② 可以实现模拟操作

③ 变得更加灵活，易更改

④ 能够预知影响的范围

图 5-4

　　流程图的第二个优点是可以模拟。输入—过程—输出的关系沿着流程进行，在脑海中进行模拟运行，这样一来，既可以知道要花多长时间，又可以知道有什么情况无法预测。因此，通过模拟可以验证方案在这个过程中的可执行性。同时，如果模拟一次过程，中途即使发生一些意外情况，临时调整也非常容易。如果是图书出版过程，也许会考虑使用伪装和创意列表以求先通过策划的方法。但那样却无法预测未表达的内容是否需要调整。正因为过程已经被表现出来，根据实际情况进行调整才会实现。另外，流程图中还表现了过程之间的依赖关系，在某个过程中发生故障或者改变过程时，根据依赖关系，可以分析对整个项目会产生什么影响。

　　在项目计划发的制订和项目执行的管理过程中，这样的模拟、验证和调整将会成为一个非常大的优势。这是因为遇到困难的（QCD）时，可以考虑在发生故障的情况下怎样设计过程，才能快速有效地解决问题。

流程图是思考和交流的工具。画图不是目的，画图时的思考和交流才是更加重要的。

咖喱饭的类比分析

在这里，我们试着通过以上方法将制作咖喱饭的过程表现出来，最终的成果当然就是咖喱饭。设计过程时，首先将对象成果物大致分类是非常重要的一个关键点，咖喱饭中有咖喱酱和米饭两种，图5-5是制作咖喱饭的过程。

令人意外的是，有很多人都做不到大致分类这件事，多数人也许会马上想到把洋葱、马铃薯和肉切成小块，不自觉地陷入顺序思考的旋涡当中，却把输入—过程—输出关系不经意间忘到脑后了。

过程不是潜意识里的顺序，而是设计。设计这种行为到底是为了什么而做的呢？简单来说，是为了降低复杂性。如果涉及对象的工作量非常庞大，是无法一次性把问题考虑得

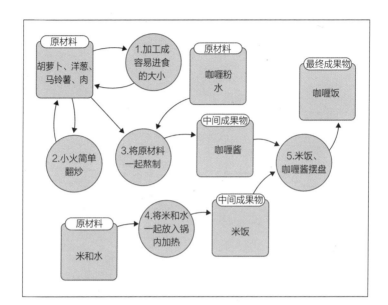

图 5-5

非常全面的。盖房子的时候，不会有人从门把手的样式开始
考虑。通常都是从地基、建筑、外装、房间布局、内部装修
这些方面分开考虑。设计过程时也一样，首先是大致分类，
详细的环节需要在这之后一步一步地进行。

分门别类地考虑问题

问题首先要进行大致的分类。咖喱饭是用咖喱酱和米饭

做成的，首先要将这两个问题分开，各自逆向加以考虑。那么，应该按照什么样的程序来做呢？咖喱粉、水与其他的食材一起煮，将煮好的食材再切成方便入口的大小，小火翻炒。也就是说，应该有切成容易吃的大小和炒熟的过程。另一方面，把米和水作为输入，然后蒸熟成饭，这里重要的是并没有写明煮饭要加热水和大米，但是应该写出怎么转换以及转换的过程。

例如，大家煮饭，实际上做的就是加热米和水，做饭只是概念，加热水和大米只不过取了煮饭这个名字。因此，当我们真正看这个步骤需要做什么事情的时候，也就是这个转换过程，通常是需要思考米和水是如何转换成米饭的。

不定义工作图像的过程

设计工序时必须注意的是，不要将一个概念模糊不清地定位。比如分析、整理、调查和管理，这些是整体概念，具体做什么因人而异。即使是作为本书作者的我，在这个世界里无法触及和无法理解的事情也存在很多。

工艺流程不明确，无法确定要做什么，这样是无法预估时间的。除此之外，虽说是分析，但结果也会因为不同人的表达，意思不同，在沟通上也会出现问题。因此，要具体写出究竟要做什么。以上文提到的煮饭为例，最好不要写"煮饭"，而是写成"加热米和水"，如果具体写为"将米和水加热"，则是最合适的。

"分析"究竟是什么？

我们经常听别人提到战略分析、竞争对手分析等，这通常是一个整体概念，是在头脑中把事物或对象由整体分解成各个部分或属性，并没有固定的标准答案，只是语境不同。那么"分析"到底是什么意思呢？

我认为分析是对最终目的可以起到决定性作用和不可忽略的作用，将事实更加清晰化的一个过程。譬如，在制订未来发展的计划或战略时，普遍都会做SWOT分析和3C分析等。做这些都是为了将事实更加清晰地展现在人们面前，收集对分析之后战略考虑的过程，能够起到推波助澜的作用。

以之前提过的新商品开发的市场调查为例，其中就包含了竞争分析。所谓竞争分析，就是以商品的功能、竞争企业的财务、优势和弱势为切入点，对现有市场信息的收集，在价格和功能都很清楚的情况下再去考虑新商品的开发。最终的目的还是掌握足够多的信息，以便可以对市场做出更准确的判断。

常被忽视却至关重要的流程图制作

在了解过程设计的方法之后，继续说一下如何制作流程图（图5-6）。

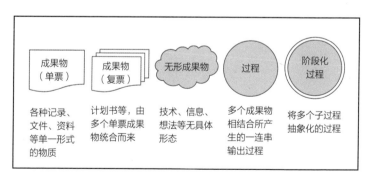

成果物（单票）	成果物（复票）	无形成果物	过程	阶段化过程
各种记录、文件、资料等单一形式的物质	计划书等，由多个单票成果物统合而来	技术、信息、想法等无具体形态	多个成果物相结合所产生的一连串输出过程	将多个子过程抽象化的过程

图 5-6

通常需要表达的要素并不多，首先是成果物。所谓成果物，是根据某个输入，通过加工之后的产物，原则上是物品，例如企划书、计划书、设计书、报告等，都是完全看得见的成果，没有形状的物品通常不作为输出表现出来。如果是无形的输出，有可能会成为一个无法执行的过程。

成果物有单票和复票。单票是指课题日志、SOW 等具有某种单一功能的个体成果；与之相对应的复票，是由单票的成果物组合而成，譬如项目计划书，包含着章程、里程碑图等复数的成果。无形的输出形式在原则上是不能成立的，但无形资产却可以作为输入，例如技术、信息，这是无形成果物。为了便于理解无形成果物，我用云朵的图形来表现。

此外是过程。所谓过程，是将输入物加工、转换，最后产生输出，将这一连串的工作环节模式化地固定下来的统称。

用抽象化的手法将流程变得更加简单

用咖喱饭的例子做一个简单的介绍（图5-7）。首先切成容易进食的块状大小，轻炒至熟，可以把它们归纳为预先准备原材料（抽象化）。抽象化过程需要另行表示，所以用双线标记该过程，就可以明白该过程经过分类会在其他地方表现出来。使用抽象化的手法可以使过程变得更加简单。

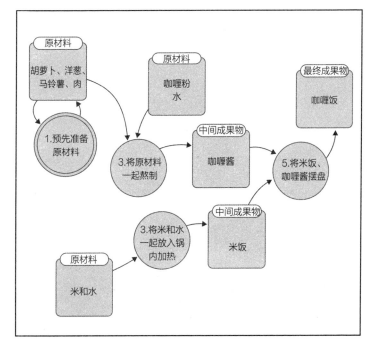

图 5-7

　　这个例子因为只是将两个过程归结为一个，也许不会表现得特别明显，可是一个复杂的过程经过抽象化之后，可能引起的阶层化效果会特别明显。人的头脑不能一次想到很多事情，可以通过抽象化将我们所考虑的事情限制在一定范围内，从而让我们更加从容和清晰。

　　设计是为了减少复杂性而做的。为了达到这个目的，最有效也是最常用的方法就是分类和层次化。把咖喱饭分成咖喱酱和米饭，进而通过将过程抽象化并且汇总分层，可以起到减少复杂性的效果。

从最终成果反推任务的构成

我们由此进入过程设计的具体流程（图5-8）。当我们一旦习惯了这些工作上的辅助工具，多数人都会从流程图开始动笔。但是，要将这种辅助工具运用得非常自如并且变成一种习惯，在这之前仍然有很大的挑战性。

第一步，由成果物构思任务（STEP1）。为了做出这个成果，需要在中途做什么样的工作，我们又应该具体做些什么，等等，这时应该使用WBS加以思考。接下来第二步，将任务分组（STEP2）。在此使用亲和图，亲和图是QC（Quality Control，质量控制）的7个工具之一，以KJ法为基础。

所谓KJ法，是著名的人文学家川喜田二郎先生创立的一种创造性解决问题的构思方法。它是将未知问题和未曾接触过

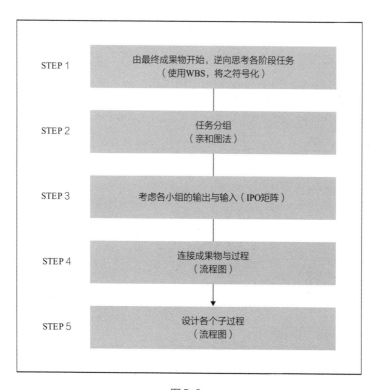

图 5-8

领域的相关事实、意见、设想之类的语言或文字资料收集起来，并且利用其内在的相互关系做成归类合并图，以便从复杂的现象中整理出思路，抓住实质，找出问题解决途径的一种方法。以相似的东西放在身边，不同的东西要远离为基础进行分组，并为该组命名，但这不是区分类别，而是抽象化。

KJ法通过使用抽象化手法理解事物的本质并促进构思。而亲和图法，并不会做得像KJ法那样严密不疏。它是根据收集到的资料和信息之间的相近性进行分类，然后综合分析的一种方法。将某个输出所产生的过程更加清晰地呈现在我们眼前。因此，与其说把分组化转换成抽象化，不如说用范畴化更加贴切。

STEP3，考虑分组任务（过程）的输入和输出。在这里使用的是我所倡导的IPO矩阵。接下来的STEP4，终于到了使用流程图阶段，它将成果物与流程（输入—过程—输出）的关系连接起来。STEP5，就是之前所解释说明的层次化。

以上这些，我认为读者朋友们非常有必要试着做一下，因为这次的情况并不是很复杂，所以就不进行层次化的分类了。

STEP 1　根据WBS来构思任务

让我们来设计一下新商品开发进行市场调查的过程。从本节开始，将再现成为本书原稿的研讨会过程。各位读者，请务必一边看WBS（图5-9），一边做着试试看（如果有便利贴会很方便）。

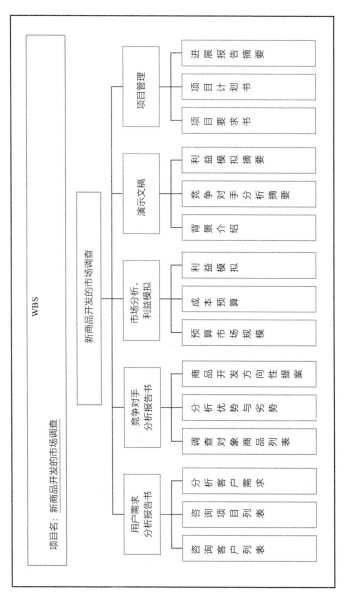

图 5-9

从成果物试着构思任务。有的成果在制作WBS时需要怎样的任务，请根据自己的经验自由构思列表。可以尝试一下，提出一个没有也不需要有正确答案的阶段性任务，重要的是让我们根据自身的条件去想象实行的场景。

如果要举行咨询会议，必须列出会议主要想听哪一方的表达，并且会议主角的时间必须提前在日程上安排好，虽然也许会因为其他原因影响会议的举行。退一步讲，即使预约好了时间，也有可能会出现一些突发事件而导致会议推迟，因此，必须提交一份咨询会的候补日程。

如果我们并没有预约，而是毫无征兆地到客户那里说"请给我讲一下关于这件事您怎么看"这样的话，肯定是行不通的，因为在这之前，通常还需要客户的咨询委托书。与客户的谈判如果必须有专业的业务人员参与，那么与业务人员的交涉也必须事先做好准备。退一步讲，即使没有预约等条件，即使能够与客户成功会面，也有很大可能得不到想要的结果。因此，我们有必要把咨询项目先罗列出来，并且在会面咨询结束以后，将最后的咨询结果整理出来。

关于竞争对手的分析，首先要列出哪些是自己这次项目的竞争对象，并且必须进行多方面的调查，确定存在竞争的项目，之后根据现有市场和相关信息进行分析，不仅要分析竞争项目，还要分析竞争企业本身。这样一对比，就能够看出对方公司是不是一个具有财力和开发能力的大型公司。更进一步，分析每个企业将会采用怎样的战略。基于这样的分析，公司才能够提出应该从哪个方向进行开发的建议书。

关于市场估算，我们收集市场数据并凭此来预估市场份额。收集成本数据、估算开发成本和营销费用，通过这些可以模拟上市后能够产生的利润。模拟结果由营业、开发、企划等部门共同磋商，然后写出一份多部门的联合报告。

会议所使用的PPT，不仅仅是一个演示的幻灯片，还应该在它的基础上制作行政附录，并且最好先让老板审阅一遍。如果没有其他特殊情况，尽量安排在会议室，并且通知各部门的同事参加，做到人手一份资料。即使是简单的排练也好，自己最好走一下基本的流程，同时要保证当天用到的资料必须印刷出来。演讲结束后，自然也要根据会议所收到的各方意见再做一份详细的项目报告书（图5-10）。

直到最后，让我们很意外的是，以上这些事项并没有特别之处，但也是我们最容易出错或遗漏的地方，只要我们设想一下当时的情景，就能想到一些还可能出现的问题，也因为这样，我们对项目的理解会更深刻。在制作WBS之后，也可以想象一下最终的成果物中间所需要的各种任务，这样就

创建行政摘要	收集市场信息	竞争对手列表	咨询的候补日程
演示文稿的资料	推算市场增长率	制作完成竞争调查表	制作用户列表
评论演示文稿	收集成本数据	实施调查	咨询委托书
会议室内分发	预算开发成本	竞争分析（优势、劣势）	与销售部的磋商
联络举办事项	预算支出费用	竞争企业分析（经济实力、创造力）	制作咨询列表
排练	利益模拟	分析商品战略	分析客户需求
印刷讲义资料	营业、开发、企划共同磋商	竞争商品调查报告书	实施咨询
项目报告书	制作完成报告书	商品开发方向性提案书	制作咨询结果报告书

图 5-10

130

很容易在脑海中呈现具体的形象。

看一下根据要求制作出来的样品，也许会感觉这没什么特别，其实有这样的想法并不奇怪，因为本身的确是这样。这样的情况是我们在商务场合经常遇到的问题——并不是一些多么特别的工作，看了上文中的叙述就能理解，但如果照着方法做却无法顺利地做出来，这可能是假设的场景不成立，没有在脑海中成功模拟出所有的流程和步骤。

如果我们习惯了制作流程图，就很容易根据这种想法来工作，因为这样我们可以知道成果物与工艺流程之间有着怎样的联系。所以，没必要担心自己能否承担这份工作或是项目。这次任务的构思，归根结底是为了让过程清晰地展现出来，不是想在这个阶段网罗任务，而是想让大家不要急于追求马上出现成果，而是一步一个脚印地前进。

亲和图与任务分解模式

STEP 2　分组任务

接下来将列表中的任务逐个分组，简单地将大致相同的任务归在一起。这并没有正确答案，用通俗易懂的单位进行分组就可以了。接下来我们看一下样品（图5-11）。

例如，左上方的小组包括制作咨询列表、制作用户列表、咨询委托书、与销售部的磋商、咨询的候补日程，这些总体规划为咨询设计。

在样本分组中有一种固定的模式。设计、实施和结果分析，根据分析来提案演示，最后再回头整理，大致都是这种模式。对于要归纳成什么组合，如果了解分割阶段的模式，

咨询设计
- 制作咨询列表
- 制作用户列表
- 咨询委托书
- 与销售部的磋商
- 咨询的候补日程

实施咨询
- 实施咨询

分析意向
- 分析用户需求
- 制作咨询结果报告书

设计竞争对手调查
- 竞争对象列表
- 制作

实施竞争对手的调查
- 实施调查

竞争对手分析
- 分析竞争的优势与弱势
- 分析竞争对手的企业财务与开发力
- 竞争商品调查报告书

开发方针的立案
- 分析商品战略
- 商品开发方向性提案书

市场调查
- 收集市场数据
- 拟定市场的增长率

成本模拟
- 收集成本数据
- 预算开发费用
- 预算促销费用

利益模拟
- 利益模拟
- 制作报告书
- 营业、开发、企划的共同磋商

演示文稿
- 创建行政摘要
- 演示文稿的资料

运营企划
- 评论演示文稿
- 会议室内分发
- 联络举办事项
- 排练
- 打印讲义资料

回顾
- 项目报告书

图 5-11

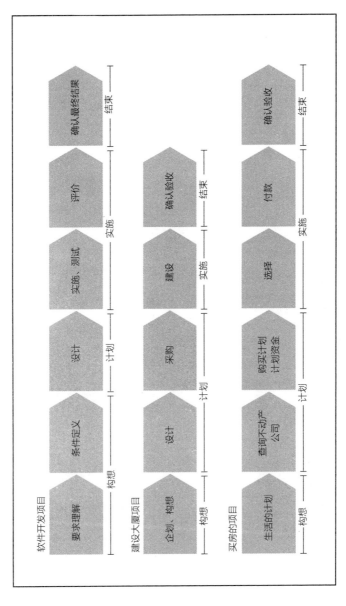

软件开发项目

构想 — 要求理解 — 条件定义 — 设计 — 计划 — 实施、测试 — 评价 — 实施 — 确认最终结果 — 结束

建设大厦项目

构想 — 企划、构想 — 设计 — 采购 — 计划 — 建设 — 确认验收 — 实施 — 结束

买房的项目

构想 — 生活的计划 — 查询不动产公司 — 购买计划 计划资金 — 计划 — 选择 — 付款 — 实施 — 确认验收 — 结束

图5-12

就会变得特别方便，大部分项目都集中在构想—计划（设计）—实施—结束的模式中（图5-12）。

如果我们继续为分组命名，则会在命名的过程中发现分组里存在很多不足的地方，据此可以发现，随时对分组做一些补充调整，可以完善项目。大家在公司用这种方法的时候，像是每人各出几种方案，做起来也许会特别不顺利，这时候我们可以通过讨论的方式来听取大家的意见，总结出几个可行性高的方案，提出建议的一方也许会因为讨论而产生更加贴合实际项目的想法，同时，能在方案中突破原来的自己是非常重要的。

模拟思考的 IPO 矩阵

STEP 3　定义每组的输入和输出

接下来，我们继续下一步。刚刚的分组是一个过程，对于过程，必须有输入和输出。在流程图中，除了最终成果，不能存在与其他过程相关的输入物。案例的成果是用户需求分析报告、竞争分析报告、市场分析与利益模拟，除此之外，要么是属于其他过程输入后所得到的成果，要么是在个别过程中完成的成果。

对于那些并不会使用到的最终成果物，通常来说就是无意义的成果，既然如此，自然也不需要在这样的方向继续进行下去。另一种是过程中完成的成果，是指在该过程中产生并且被使用，却在其他过程中不被使用的阶段性成果。例如这个过程中的一项任务是与销售人员会面，作为这个任务的程序，咨询设计小组（等于过程）制作的成果物是会议的记录，这本会议记录只在此阶段性过程中被使用，并没有在其他程序中用到，所以不需要在流程图中体现出来。在个别阶段性工艺流程中完成的，却在其他阶段性工艺中不使用的成果物，可以不体现在整体的流程中。

当然，在分层化咨询设计过程中，如果要绘制一张流程图，它自然而然就会出现。输出的成果必须在其他工艺中使用，而在工艺中完成、在其他工艺中不使用的，在画下层的流程图时画出来就可以了。那么，接下来让我们来考虑一下每个过程都需要怎样的输入与输出，请看表5-1。

IPO矩阵是在制作流程图表之前为了训练模拟思考而准备的。简单来介绍一下矩阵的组成部分，分为三列，分别是输入、过程与输出。我们看到在每个程序的上面都有各自的号码，这个号码决定了他们的思考顺序。在设计过程时，必须从输出的反向开始计算（图5-13）。

首先需要考虑输出是什么，其次考虑形成这样的输出应该需要什么样的输入，最后考虑如何加工输入并产生输出，按照这样的顺序来反向思考。以咖喱饭的例子来说，最终的

表 5-1

2.必要的输入是什么？ Input（输入）	3.输入将如何加工？ Process（过程）	1.输出是什么？ Output（输出）

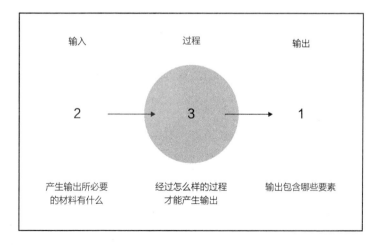

图 5-13

成果是咖喱饭，那在输入中需要什么呢？就是咖喱酱和米饭。接下来，我们进行阶段性考虑，需要什么样的输入才能有输出的咖喱酱。既然是酱，就一定需要水，以及加工过的材料——咖喱粉。像这样由输出开始逆向思考，进而追溯整个过程是怎样的一种状态。只是这次稍稍做一些改动，先预想第二步如果也有输入应该怎样加工？根据已知任务的阶段程序和分组先得出程序，这是因为很多人不习惯思考什么是输出而感到困惑，所以我们本次就先从任务出发，思考那个过程是什么的方法。

首先填入过程栏第二步的输入将如何加工（表5-2），让我们来思考一下这个过程能够输出什么，过程是为了把执行过程表达清楚。

接下来让我们来列出设计咨询的过程。根据设计咨询从而产生的输出是什么呢？可以给各位一些提示，计划由谁在什么时候向谁咨询的咨询计划书，与顾客做好事前工作，拜托客户给我们时间与我们交流的咨询委托书，事先将需要咨询的内容列出，从而制作出更加便捷的咨询内容表（表5-3）。

那么，要制造这两个输出需要怎样的输入呢？通常在计划什么时候听取意见的情况下，必须决定由谁向哪一个客户

表 5-2

2.必要的输入是什么？ Input（输入）	3.输入将如何加工？ Process（过程）	1.输出是什么？ Output（输出）
	设计计划听取意见	
	实施咨询会	
	明确用户的需求	
	设计对竞争对手的调查	
	实施对竞争对手的调查	

表 5-3

2.必要的输入是什么？ Input（输入）	3.输入将如何加工？ Process（过程）	1.输出是什么？ Output（输出）
	设计计划咨询意见	咨询计划书 咨询委托书 咨询列表
	实施咨询会	
	明确用户的需求	
	设计对竞争对手的调查	
	实施对竞争对手的调查	

咨询，所以在这里需要准备一份用户名单，并且在这个基础上，也要考虑到自己在什么时间段能够有空余的时间来听取客户给我们提供的信息，因此作为输入应预先列出自己的团队日程。设计咨询内容需要思考我们想了解哪一方面的信息，当我们向客户咨询过后，需要将我们所得到的内容归纳为用户需求，进而整理归纳为商品开发方向性提案。也就是说，实际负责商品开发的人们想知道怎样的信息，需要我们自己先知道。因此，开发部的要求也要列为输入（表5-4）。

表5-4

2.必要的输入是什么？ Input（输入）	3.输入将如何加工？ Process（过程）	1.输出是什么？ Output（输出）
用户列表 团队日程 开发部要求	设计计划咨询意见	咨询计划书 咨询委托书 咨询列表
	实施咨询会	
	明确用户的需求	
	设计对竞争对手的调查	
	实施对竞争对手的调查	

这样考虑的话，输入—过程—输出就被简单地整理出来了（表5-5）。如果具备这个思路，流程图就会变得非常容易描绘。当然，这个IPO矩阵也可以放在一边，如果觉得流程对话框对你本人来说有点儿难度，也可以作为辅助工具来使用。

表 5-5

2.必要的输入是什么？ Input（输入）	3.输入将如何加工？ Process（过程）	1.输出是什么？ Output（输出）
用户列表 团队日程 开发部要求	设计计划咨询意见	咨询计划书 咨询委托书 咨询列表
咨询会计划书 咨询会列表	实施咨询会	咨询数据
咨询会数据	明确用户的需求	分析用户需求论文
竞争企业列表	设计对竞争对手的调查	调查竞争企业计划书 竞争企业列表
调查竞争企业计划书 竞争企业列表	实施对竞争对手的调查	竞争企业的调查数据

循序渐进是程序的必需品

如果想用WBS分解成果，使用IPO矩阵弄清输入—过程—输出的关系，肯定会用到大家聪明的头脑。在平时，自己都会在步骤的顺序上面投入更多的心血。可是，完全按照步骤来做的项目多数不会很顺利，因为很多项目都是没有先例的，很多公司都是做竞争对手没有做过的项目，才会有很大概率在商业上取得成功。当某一个市场有在其他公司做过的经验，在一定程度上可以按之前的经验来考虑本次的项目，但从未做过的事，如果提前制作一份精确度很高的计划书，还是具有非常大的难度的。WBS 也好，IPO 矩阵也好，之后的流程图也好，都是为了做没做过的事情而采取的方法论。

说到工艺设计，经常会听到有人说最重要的是步骤的安排。我的父亲是一名厨师，我从小就是在听父亲说"步骤很重要"中慢慢成长起来的，步骤这个名词的确是大家都非常喜欢的。

当我们说到步骤与计划、步骤与过程设计有什么不同的时候，我想说的是，对于我们有过经验的事情来讲，按照步骤走下去，或许能够高效地完成，也就是指在自己可以处理的范围内按照经验做下去的工作。但是，对于没有做过的事情，比如我们并没有接触过的新项目，是肯定不可能完全按计划一步步地进行对应的，步骤在这里就不一定能够行得通。

　　我们打算做的计划是为了做没有做过的事情而得出来的成果与过程，就像是煮饭与加热水和米这两种不同的表达方式，你能理解这是程序和计划的不同吗？

过程的输入和输出

STEP 4　输入和输出的关系连接

关于新商品开发的市场调查项目，我试着制作了一份流程图（图5-14）。

在设计咨询过程中，要确定下来咨询对象以及咨询的内容，并且在日程表中明确地标注设计咨询过程。将作为输入的顾客名单、开发部要求和团队日程，根据以上输入的条件整理出咨询列表和咨询计划书，这是刚才的IPO矩阵，而开发部的要求，则作为无形的成果物展现出来。

接下来是被整理出来的咨询列表和咨询计划书，它们成为用户需求的输入，也就是与客户的咨询与听取意见实施的

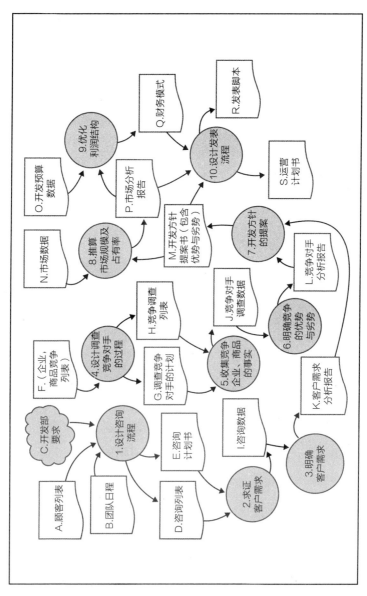

图5-14

过程。将咨询结果输出为咨询信息数据，使用该数据进行分析是明确用户需求的倾向，经过加工所产生的输出成果是用户需求分析报告。

另一方面，我们非常有必要对竞争对手进行详细的调查。列出一份竞争对手清单，将之作为设计竞争调查流程的输入，然后根据它所产生的输出——竞争调查表和竞争调查计划书整理出竞争企业和商品的现状。调查结果被作为输出——竞争调查数据，竞争调查数据之后继续作为输入，来产生明确竞争的强弱和竞争分析报告的输出。提议开发方针在之前的用户需求分析报告和竞争分析报告中，以上两种输入方式都会用到。以这两个输入为基础，提出开发方针的过程，从而做出开发方针提案书。

还有一个最终成果是利益模拟报告。所谓利益模拟，是通过一定的条件设定来预想大概从什么时候开始能够出现多少利益，经常也会被称作财务预算。要设想利益，就必须从市场规模和设想的市场份额中做出销售额，根据这些甚至可以进行成本估算。

计算市场规模和份额的输入是市场数据，公司有数据自然最好，如果没有，收集数据的过程也需要下一番功夫。根据市场数据等信息计算出市场规模，然后再根据规模计算出市场份额，最后得出大致的销售规模。输出可以看作是市场分析报告，这个报告和开发成本数据作为输入，可以成为利益构造模型化和能够模拟的财务预算输出的结果。市场分析报告、财务模拟和开发方针的提案书，这三个作为输入，从而得以演示。PPT呈现之后，运营计划书自然而然也被作为输出展现在我们的面前了。

日程安排并不需要特别用心

虽然按顺序进行了说明，但这并不是步骤，而是输入与输出之间的关系。只要掌握了这个关系，在那之后的日程化并不重要，因为我们已经充分了解了他们之间的依赖关系。在这之后我会聊一些甘特图的话题，虽然我平时并不怎么做甘特图，因为在大多数项目中，把日程安排在过程和流程图中就可以了。甘特图都是在相关人员较多、项目花费时间较长、想在整体上让项目更加简单明了的情况下才会制作使用。

这个过程的流程图，乍一看给很多人的感觉是只是一些用普通的手法写下来的普通的事。我一开始也这样认为，通常按顺序考虑的话都可以理解。用输入和输出的关系看，大脑模拟了工作的整体流程。"这个成果，如果作为输入是必要条件，产生那个的过程也一定会需要什么吧"或是"为了这个输出，仅仅是这个输入是不够的"，更多的是将这些转换成构想的工具。

比如，可以设想怎样获取市场数据以及必须设立听取开发部要求的场所，模拟利润结构，实现利益结构的模型等，在各种各样的构想中，这个方案不行，那个也考虑欠佳，一边吸取各方意见，一边在所有的意见中发现最值得考究的那个条件。流程图就是一边反复试验，一边设计，一边进行模拟的一个节约工作时间并提高工作效率的工具。

画图本身不是目的，让这个图成为模拟和交流的工具才是目的。制作WBS首先要清楚成果物，并以此为基础，使成果与过程的关联更加清晰，让自己看到成果物的同时也增强自己的信心。如果不用流程只按照正常的顺序排列，就无法知道他们之间所存在的所有关联，导致很多时候无从下手。

在着手执行之前尽量提高过程的质量，因为它决定与之连接着的输出质量，一荣俱荣，一损俱损。即使知道做法，认为已经熟记了各个流程，还是要继续画一下，重温一下流程，也许就会发现之前没有注意到的瑕疵，或是发现有哪些地方可以省略，进而提高工程项目的品质。

只需输入与输出连接

工艺设计的整理流程是需要经常练习的，只读了本书是不可能做到完美无缺的，但如果根据本书经常练习的话就一定可以做到非常完美。简单来说，就是输入和输出的关系，但万事皆有正反两面，矛盾永远都是共存的，正因为简单，可能也会存在困难的一面。如果明白了这一点，再经过时间的沉淀，工艺设计才会手到擒来。

对于我本人来说，比起WBS，我更偏向于流程图。WBS只是我画流程图的最初构思。之前我们制作WBS，是为了从成果物开始，用逆向思维制作流程图，最终画出流程图的话，输入和输出相匹配就能得出结果，如果判断可以顺利进行下去，就能付诸实践。如果只是在中途出现些许偏差，我们只要修改流程图就可以了，在项目进展得不顺利或者发生纠纷的时候，通过这个图能很快回到原点，并且又可以很快重新整装待发。这才是这个图的方便之处，给予我们在面对未知项目时更多的安心感。

06

过程和步骤的
日程表化

使用甘特图制订计划

分割整体流程的方式

从最终成果逆向计算日程

作为日程安排工具的甘特图

使用甘特图制订计划

因为输入—过程—输出的关系能清晰地展现在我们眼前，并且能够看到通过WBS看不到的过程和成果物，我们可以知道哪个项目大概需要多长时间能够完成，所以，在这个阶段可以将项目详细的流程纳入日程表中（图6-1）。

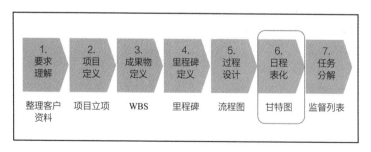

图6-1

在日程表化时经常使用的是甘特图，很多人都在项目进行中见过或做过甘特图。甘特图是将过程或任务按时间顺序排列，简单易懂地表达出在什么时候需要做什么或是什么时候应该结束什么。

对于很多公司来说，日程安排就等于甘特图，突然被要求制作甘特图的情况数不胜数，但没有任何理论或实际的根据就突然用甘特图制订计划，并不能起到很大的作用。因此，开始的时候可以通过画线这样的基础手段来决定顺序，但在实际工作中这几乎不能符合要求，即使修改之后也会马上脱离计划，这是因为商务活动牵涉了很多方面。例如，与客户的要求有差异而返工，或是忘记了哪一个步骤，或是因为没有与哪一个部门建立良好的依赖关系而被动等待，被迫接二连三地修正计划，结果因为计划没有变更，修改也不会起到很大作用，最后只能放弃原计划，最终导致计划和实际的距离越来越远，从而变成了制订计划也无可奈何的一种状态。

当然，这并不意味着计划是没有意义的，而是因为不了解计划的目的和正确的过程才发生了这种状况，正如已经解说的那样，单纯地遵守计划是没有意义的。说到底，计划只不过是基准而已，那基准是为了什么而存在的呢？是为了得到现在所处的位置和预计的位置。

与去兜风截然不同，项目、工作并不像自驾游那样有固定的景点和路线，而是对于目的地、现在所处的位置以及路线都一无所知。所以，在计划的过程中，要将那些无法看见的"地图"制作出来，有地图的话，可以查询路线，根据路线能知道现在所处的地点，是否偏离路线，从而知道是否可以继续前行。

制订阶段性详细化计划时的铁则

绘制地图时，通常不可能仅凭想象就画出一份详细的地图。我们必须大致掌握目的地是哪里，到那里的地形是怎样的，是险峻的山地，还是开阔的平原？这也是对于客户要求的理解。在粗略掌握地形的基础上，我们要决定中途必须通过哪个位置点，中途的位置点和通过位置点是成果。成果物使用WBS分解开来，而里程碑是必须在什么时候通过哪一个位置点。只要知道目的地、地形、通过点，就可以查询路线，这就是工艺设计。

计划也需要有一个完美的过程，如果省略这个过程突然制作甘特图，与没有目的地、地形、通过点和渠道的情况下突然制作日程表一样，是非常不理性的决定。理解项目的要求（6R、项目包租），分解成果（WBS），进一步看清过程与成果之间的关系，并通过甘特图来显示进度，这样慢慢地，阶段性详细化就成了制订计划时铁一样的规则。

为了将过程清晰地展现在面前，我们将它日程化，将整个过程大致划分为几个阶段，然后再从最终成果物开始逆向计算，之后会逐个进行介绍。

分割整体流程的方式

　　阶段是指项目进行时承上启下的过程，在这里，请视作对项目整理过程的巩固。每个阶段所需要的资源、难易度、风险程度都不同。划分阶段可以改变相关人员、管理方法、项目指挥的相关方式，这个巩固的过程主要分为构想—计划（设计）—实施—结束四个部分。那么在这里，可以将其转变成设计、调查、分析提案、演示四个部分（图6-2）。

　　首先抽象地决定这四个阶段所需的时间。假定设计阶段需要两周，调查阶段需要三周，分析和提案阶段需要四周，演示阶段需要一周，这些时间限定都是很抽象的。在此之后，把估算过程所花费的工作时间加入成果物所需的必要期限，就可以大概明白在这个时间之内想要完成特别困难，或是整

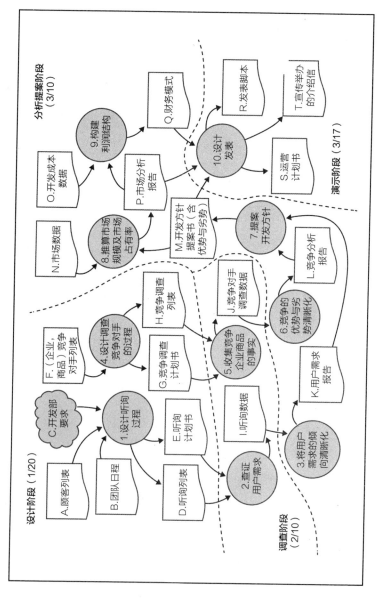

图6-2

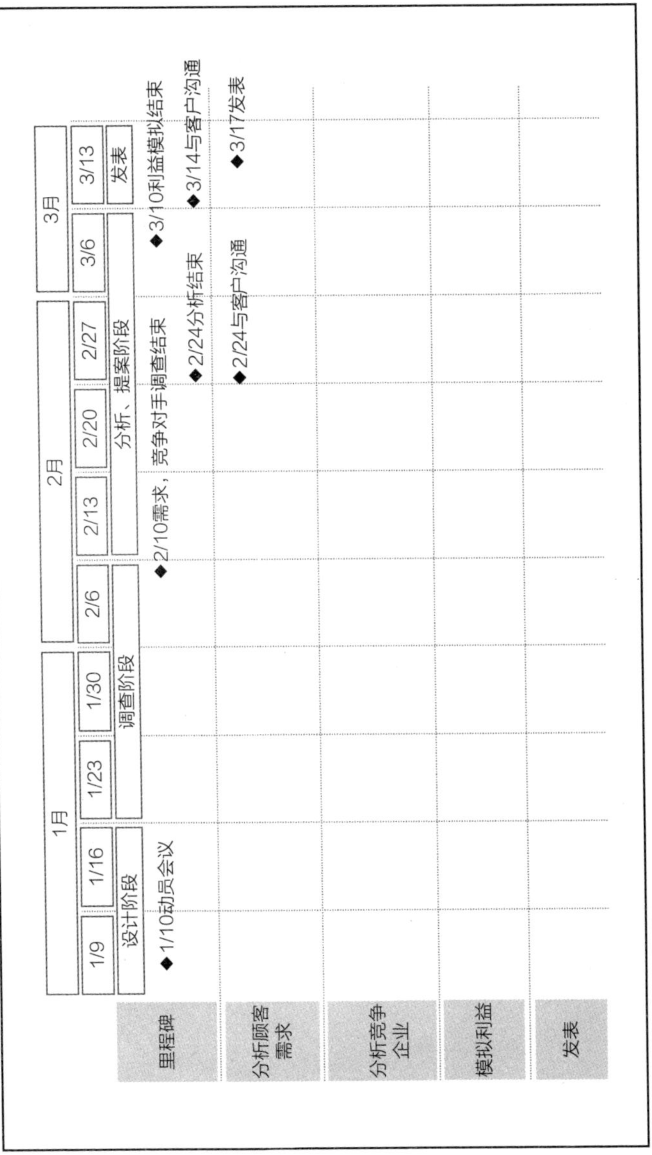

里程碑										
	1月				2月				3月	
	1/9	1/16	1/23	1/30	2/6	2/13	2/20	2/27	3/6	3/13
	设计阶段		调查阶段			分析、提案阶段				发表

里程碑　◆ 1/10动员会议　◆ 2/10需求、竞争对手调查结束　◆ 3/10利益模拟结束

分析顾客需求　◆ 2/24分析结束　◆ 3/14与客户沟通

分析竞争企业　◆ 2/24与客户沟通　◆ 3/17发表

模拟利益

发表

图 6-3

体来看并不需要这个区间跨度，等等。遇到这样的情况，到了那个时间点再进行修正就可以了。

再重复一遍之前的话，分阶段详细化是非常重要的。分成四个阶段和时间，在甘特图表的形式中反映出来，如图6-3。

从最终成果逆向计算日程

接下来，将每个过程都日程表化。因为考虑到过程与过程之间的依赖关系，日程安排必须考虑产生成果的时间截止点。因此，在流程图的成果物中逆向计算，并标注日期（图6-4）。

演示阶段

从演示阶段开始，最后输出的成果是提交运营计划书。如果提交给经营层的时间是3月17日（星期五），那就必须在3月16日（星期四）之前完成。因为运营计划书中规定了当天的推进方法、座位配置等内容，只提前一天完成是不够的，

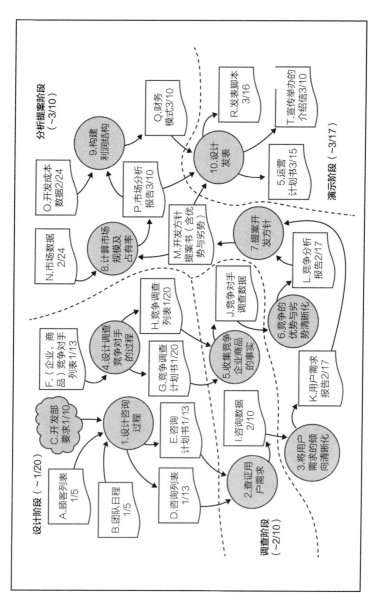

图6-4

所以要提前两天，也就是在3月15日（星期三）的时候预先明确程序。除了运营计划书之外，还要事先向参加咨询运营会的人说明时间和地点，这些也将和运营计划书一同作为输出。出于这样的原因，至少需要提前一周就通知到位，也就是在3月10日（星期五），运营会召开前的一周决定。

分析提案阶段

接下来，是分析提案阶段。设计演示的首选项有财务模式、市场分析报告、开发方针提案书三种。作为最终演示的设计需要花费一周，则这三项内容都需要在3月10日（星期五）之前做出来。另一方面，开发方针提案书也将成为计算市场规模和份额的输入。这个过程如果需要一周，那开发方针提案书就至少要在2月24日（星期五）赶出来，然后再进行修正。

计算市场规模与份额和利益结构进行模型化似乎是同时进行或两项重复的你来我往，同样也需要准备两周时间。接下来成为输入的市场数据和开发成本数据到2月24日（星期五）之前也是必要条件，所以也要准备。建议开发方针如果按一周的时间来算，那么竞争调查分析报告和用户需求分析报告则需要在2月17日（星期五）之前准备好。

要将竞争分析报告与明确竞争的强项在2月17日（星期五）当天一同赶制出来的话，也需要花费一周时间，因此，竞争调查数据必须在2月10日（星期五）之前整理完毕。

调查阶段

继续上一步，开始进入调查阶段，调查阶段的输出是咨询数据和竞争调查数据。关于竞争调查数据已经在之前订好了日期，咨询数据是明确用户需求倾向的输入项，也就是根据咨询的结果来分析倾向。分析如果花费一周，那就需要至少在2月10日（星期五）必须把咨询数据统计齐全。

设计阶段

咨询的流程、咨询用户的需求如果预计将花费一个星期的时间，那么在1月13日（星期五）之前，一定要将咨询表和咨询计划书整理完毕。收集竞争企业和商品的事实也同样预计花费三周时间，作为输入的竞争调查表和竞争调查计划书就需要在1月20日（星期五）之前准备好。

对于设计竞争调查流程，需要罗列一份把哪个企业的哪个商品作为竞争对象的竞争名单列表。调查设计如果需要一周时间，那么就需要在1月13日（星期五）之前整理完毕。设计咨询流程的输入有顾客名单、团队日程和开发部要求，而开发部要求需要在1月10日（星期二）的会议后再决定内容。

咨询流程的设计可能需要一周的时间，但需要先向营业员申请与客户之间的沟通。如果从1月16日开始咨询意见，那么至少在一周前的1月9日事先向营业员申请这件事情。如果是这样，营业员就需要在前一周，要么是新年，要么是之前的年末与客户协商，预先通知客户有这样一件事，因此，作为对象的顾客列表和团队日程至少需要在1月5日预先交付。

这样的逆向推算可以知道各自的成果物大概在什么时候可以出结果，这也将成为整体日程安排的基础。在本次的模拟内容中，只是假设各流程需要花费一周或两天左右，在实际工作的过程中具体需要多少时间，必须经过更加详细的任务划分流程来计算。

像这样需要经过2～3个月左右的大项目，逆向推算每个过程的时间是必要的，如果是手到擒来的小项目或项目整体能够清晰地展现在我们面前，不将之分解为各个小项的任务也没关系。重要的是，在制订计划上能看到成果物和过程之间的依赖关系，在流程图上，成果和过程通常就是将输入—过程—输出的关系视觉化，表现得更加清晰明了。

作为日程安排工具的甘特图

所谓甘特图，是将过程、任务比作一条线，让它们之间的顺序通过另一种简单明了的方式表示出来的工具。通过过程与过程之间的依赖关系，将时间排出先后顺序。到现在为止，即使制作甘特图，也无法很好地推进项目的人，一般都是没有特别理解输入—过程—输出的关系。换句话讲，虽然按照前文中介绍的方法制作了甘特图，但没有很好地理解内容，导致对于计划本身非常不安，既无法预想到成果，也无法理解它们之间的依赖关系是否合乎常理，这也是甘特图的缺点（图6-5）。

那么，甘特图的主要作用是什么呢？我认为它更多是作为一种交流工具在使用。考虑到过程之间的依赖关系，甘特

❶ 容易造成漏掉某些成果物

❷ 互相之间的依赖关系不明确

❸ 并不适用于大型项目

必须以 WBS 和流程图为前提

图6-5

图可以更好地整理排列时间顺序。甘特图是一个将过程、任务视为一条线的工具，可以很清晰地表达在哪一个时间段必须做哪一件事，也就是说，很容易看清每一个步骤。因此，甘特图是作为一种交流工具而被广泛使用的。

我在做软件开发项目经理的时候，整组的项目成员超过了100人，不过并没有制作过以项目管理为目标的甘特图，多是通过流程图和在这之后要介绍的监督表进行管理，甘特图只是作为向客户和上司汇报使用的摘要。向客户、老板等与项目指挥相关的人阐明项目的日程时，更多的是希望通俗易懂，让客户能够一目了然。

项目指挥是项目所有者和上级管理人员实时监测项目状

况，维持与战略关系之间的润滑剂。要实现这个功能，流程图显得太过复杂，想要让所有人一眼看明白整体，甘特图就特别方便。

将流程图中的日期反映在甘特图中，如图6-6所示。甘特图的左侧两个箱子纵向排列，在这里放置题目和课题，换句话说就是必须解决的事情。在这里可以看到构想—计划（设计）—实施—终结这样阶段并列的主题，这并没有特别的意义，主要是想用甘特图让各主题过程之间的时间关系更加清晰。

关于想解决的问题，这里有想知道顾客需求的倾向，想知道竞争的优势与弱点，在此基础上想知道自己公司应采取的方向，想知道能否实现利益，等等，需要怎样的过程才能解决以上这些问题呢？在以时间轴为中心排列一下，就能够一目了然地知道这些是比较实际的日程还是不切实际的日程。

如果将现有阶段放置在纵向时间轴上，甘特图必定是由左上角向右下角移动的线条，那么就导致各主题之间的过程在时间上面是完全不适合的。因为甘特图是沟通交流的工具，所以如图6-6所示，需要一下看清各自的主题在什么时候需要如何解决。

为了方便看懂甘特图，不增加线条的数量也是非常重要的。如果做得特别详细，一下子也无法理解是什么内容，它

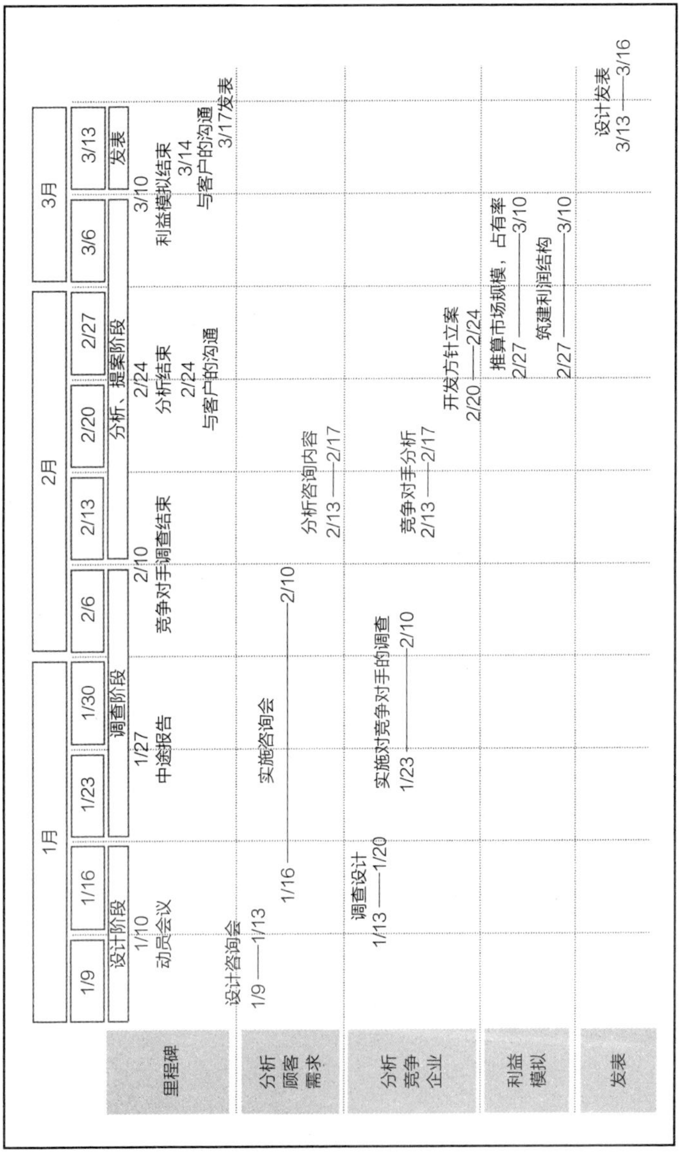
里程碑
分析顾客需求
分析竞争企业
利益模拟
发表
1月
2月
3月
1/9
1/16
1/23
1/30
2/6
2/13
2/20
2/27
3/6
3/13
设计阶段
调查阶段
分析、提案阶段
发表
1/10
动员会议
1/27
中途报告
2/10
竞争对手调查结束
2/24
分析结束
2/24
与客户的沟通
3/10
利益模拟结束
3/14
与客户的沟通
3/17发表
设计咨询会
1/9——1/13
实施咨询会
1/16——2/10
分析咨询内容
2/13——2/17
调查设计
1/13——1/20
实施对竞争对手的调查
1/23——2/10
竞争对手分析
2/13——2/17
开发方针立案
2/20——2/24
推算市场规模，占有率
2/27——3/10
筑建利润结构
2/27——3/10
设计发表
3/13——3/16

图 6-6

就没有很好地起到一个交流工具的功能。这次的情况是画了
10条线，如果在这个基础上增加的话，就会变得复杂而不易
懂。因此，请尽量将线条的数量最多控制在20～25条之间。
如果想做得更详细，最好分层化。最重要的节点在一定程度
上汇总后，详细内容分层后再分开做会比较好。

07 Chapter
Seven

任务化过程与
任务分解

便于调整计划的监督工作表

工作时间估算与缓冲管理

根据项目效果灵活调整计划

便于调整计划的监督工作表

至此，我已经简单解释了在计划进行中的6个步骤，之后只剩下任务分解（图7-1）。

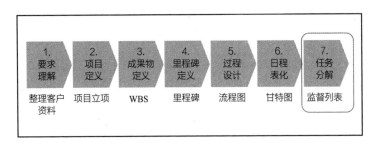

图7-1

之前已经讲解过的中规模（几个月到半年）或者不是特别新的项目，即使不进行任务分解，常用的管理技能也一样能起到重要作用。但在大型项目和创新项目上，因为不知道项目过程有哪些特点，有哪些分支机构，执行期大概需要多长时间等，不确定性发生的概率会变得很高。所以，可以将近期阶段曾经做过的任务通过这个方法分解，再将计划与花费的实际时间进行比较，之间的误差和反映出来的其他内容可以作为本次项目的一个参考，从而降低不确定性发生的概率。

另外，即使是中小规模的项目，其中所涉及的团队成员也很多，能力各有高低。如果事先将任务交给一个团队，当项目马上进入到最终阶段即将收尾时，有可能才发现项目执行得一塌糊涂。为了防止此类情况发生，事先将项目分解为若干个小任务，分配给多个团队并且细致地掌控进度是一种合理有效的手段。

实践也是反映在计划中的结构

项目管理的主要目的是应对项目的不确定性，我们掌控不确定性的方法通常有三种，分别是减小不确定性的发生概率，在项目进行过程中逐步减少不确定性因素，以及准备好发生意外时的风险对策。本书主要采用在项目进行过程中逐步减少不确定性因素的方法。为了逐步减少不确定性，必须随时在计划中反映出通过实践学习的结果，但在一般情况下，已经决定好的计划如果变更，通常会很麻烦，而且会导致工期推迟。一个项目如果反复修改，对项目负责人和整个团队的士气会是很大的打击，也会导致工期与最初计划之间的差距越来越大。

计划对于一个项目而言是作为基准而存在的，如果花费的实际时间与计划偏离过多，计划就失去了存在的意义。就像汽车的导航一样，最初是想从东京到大阪，结果走着走着，变成了从东京去新潟的路线，那这条路线就没有任何值得我们参考的意义，我们应该尽量减少修改整体计划的时间。为此，最好可以将随时修改的功能纳入这个计划，这也就是我想介绍的结构——监督工作表（表7-1）。

这个机制是我做软件开发的项目经理时使用的，在《乔尔谈软件》（Joel on Software）一书中也有专门的介绍，叫作简单软件日程的方法。在监督工作表中筛选每个过程的任务，以最初的设计咨询流程为例来看看大概的制作方法。在主表格中，列出了以下条目：

· 过程

· 任务

表7-1

过程	任务	成果物	A.持有时间（h）	B.初始缓冲（h）	C.消化缓冲（h）	D剩余缓冲（h）	E.缓冲消化（h）	F.进度率（%）
			1.最初估算	2.现在估算	3.使用时间	4.剩余时间		
合计								

1.最初估算：计划的时候所估算的时间
2.现在估算：现在的时间点（今天）的最新估算时间
3.使用时间：单个任务所使用的实际时间
4.剩余时间：2.现在估算-3.使用时间

A.持有时间：过程中能够使用的时间（天数×时间）
B.初期缓冲：A.持有时间-1.最初估算（合计）
C.消化缓冲：2.现在估算-1.最初估算（合计）
D.剩余缓冲：B.初期缓冲-C.消化缓冲
E.缓冲消化：C.消化缓冲/B.初期缓冲
F.进度率：3.使用时间（合计）/2.现在估算（合计）

- 成果物

- 最初估算

- 现在估算

- 使用时间

- 剩余时间

本书读到现在为止，看到过程就应该明白定义，而任务是指那个过程中的具体作业。所有的提案都已经呈现，请以这个为参考来填写监督工作表。

- 估算任务时间

- 过程、任务

这个过程的成果物是咨询列表和咨询计划书，制作这两个任务是必要条件，然后是设计咨询项目和制作咨询计划书。接下来，在输出两个成果物之前，中间成果物是必要的。我们需要一个场地，来听取开发部的要求，也必须制作一份交给销售部的咨询委托书，因为我们需要委托销售部门的职员进行商谈。最后，如表7-2，将过程、任务、成果物一栏全部填满。

最初估算，现在估算

在最初估算一栏中填写这些任务整体大概需要多长时间，

表 7-2

过程	任务	成果物	A.持有时间（h）	B.初始缓冲（h）	C.消化缓冲（h）	D.剩余缓冲（h）	E.缓冲消化（h）				F.进度率（%）
							1.最初估算	2.现在估算	3.使用时间	4.剩余时间	
设计咨询过程	制作用户列表	对象用户列表									
	开发部要求咨询	议事录									
	咨询项目的设计	咨询表格									
	制作咨询申请书	咨询日程候补，咨询申请书									
	与销售部的沟通	议事录									
	制作咨询计划书	咨询计划书									
合计											

A.持有时间：过程中能够使用的时间（天数×时间）
B.初始缓冲：A.持有时间（合计）-1.最初估算（合计）
C.消化缓冲：2.现在估算（合计）-1.最初估算（合计）
D.剩余缓冲：B.初始缓冲-C.消化缓冲
E.缓冲消化：C.消化缓冲/B.初始缓冲
F.进度率：3.使用时间（合计）/2.现在估算（合计）

1.最初估算：计划的时候所估算的时间
2.现在估算：现在的时间点（今天）的最新估算时间
3.使用时间：单个任务所使用的实际时间
4.剩余时间：2.现在估算-3.使用时间

填写完毕之后，原封不动地在现在估算一栏中复制粘贴即可。

使用时间，剩余时间

使用时间是指在该任务栏中填写该任务一共使用了多长时间，所以请在计划最初的原点输入"0"。剩余时间是"2.现在估算"减"3.使用时间"，所以最好加入公式自动计算出来。如果按照我说的都写出来，那么应该会变成表7-3那样。

持有时间，计算缓冲

接下来到上面排列着的一个箱子里。

可支配时间

可支配时间是指项目在进行过程中真正为这个项目能够花费的实际时间。例如，在设计咨询流程这个任务上，分配给我们的时间是1月9日 ~ 1月13日（参照图6-6），一共5天。在这5天里，项目能使用的时间假设是一天之内的6小时，彼此相乘就是30小时，这就是所谓的可支配时间。

表7-3

过程	任务	成果物	A.持有时间（h） B.初始缓冲（h） C.消化缓冲（h） D.剩余缓冲（h） 1.最初估算	E.缓冲消化（h） 2.现在估算	3.使用时间	F.进度率（%） 4.剩余时间
设计咨询过程	制作用户列表	对象用户列表	4.0	4.0	0.0	4.0
	开发部要求咨询	议事录	1.5	1.5	0.0	1.5
	咨询项目的设计	咨询表格	8.0	8.0	0.0	8.0
	制作咨询申请书	咨询日程候补，咨询申请书	4.0	4.0	0.0	4.0
	与销售部的沟通	议事录	1.5	1.5	0.0	1.5
	制作咨询计划书	咨询计划书	4.0	4.0	0.0	4.0
合计			23.0	23.0	0.0	23.0

A.持有时间：过程中所能够使用的时间（天数×时间）
B.初期缓冲：2.持有时间-1.最初估算（合计）
C.消化缓冲：2.现在估算（合计）-1.最初估算（合计）
D.剩余缓冲：B.初期缓冲-C.消化缓冲
E.消化缓冲：C.消化缓冲/B.初期缓冲
F.进度率：3.使用时间（合计）/2.现在估算（合计）

1.最初估算：计划的时候所估算的时间
2.现在估算：现在的时间点（今天）的最新估算时间
3.使用时间：单个任务所使用的实际时间
4.剩余时间：2.现在估算-3.使用时间

为了让项目能够顺利结束，需要清楚地掌握在这个项目上能用多长时间。制订好的计划变得紧迫从而导致项目质量不如预期，多是因为没有意识到这个问题。要想知道自己在本项目上真正拥有的时间，首先要试着记录一下自己在每个小步骤上花了多少时间，通过实际的记录就会发现时间其实特别紧迫。

早会、日报和周报、例行会议、日常我们举行的碰头会，诸如此类的事项都是非常消耗时间的，另外，检查邮件、听下属汇报、向上司汇报等日常沟通也需要占用很多的时间。因此，对于可支配时间，我们需要时刻保持一颗紧张的心，可以认为是自己全部时间的60%~70%。

初始缓冲

初始缓冲是在发生意外事件时，在非关键链和关键链的汇合处用来吸收非关键链上活动的延误，保护关键链不受非关键链延误的影响，也就是保证项目不受特别大的影响。初始缓冲可以用可支配时间和最初估算进行计算。对于持有的30个小时，而任务报价合计为23个小时，因此可以有7小时的富余。

消化缓冲和剩余缓冲

消化缓冲显示你消耗了多少缓冲，也就是现在估算和最初估算的计算。从最初缓冲中减去消化掉的缓冲，也就是使用过缓冲后，就是剩余缓冲。

工作时间估算与缓冲管理

至此，设计咨询流程的任务分解和时间估算告一段落，在这里有两个要点一定要注意。

第一，任务尽量压缩在2～16小时以内。

首先是任务的规模程度。在项目管理中，通常会有工作包（Work Package），应在40小时以内。多数人都会认为工作包的时间通常是固定的偏多，但实际上所消耗的时间会有很大的出入。

请考虑一下，有连续做40小时一样内容的工作吗？肯定是没有的。通常估算40小时的工作，其中一定有很大的可能性是有"看不见的工作"，或是有许多我们不适合让别人看见的工作，好像是特意提高项目的不确定性一样。所以，在填写监督表时，请尽量将任务设定为2～16小时。为什么要限定在2～16小时？即使是一样的工作内容，所花费的时间和需要的工作强度也是不一样的，为了能更具体地照顾所有的任务内容，时间需要这样设定。

第二，估算到勉勉强强，紧紧张张。

其次是关于估算的概率。我们有很多人员在做最初估算时通常会说："如果没有意外，就可以在这个时间段内完成。"这句话我们也可以反过来理解为"如果发生什么事情，我们一定来不及在工期内完成"，也就是说，能在规定的时间里结束只有50%的概率。为什么这么说呢？因为人一旦给自己安排了充裕的时间，就会放慢自己工作的节奏，以便用掉所有分配的时间。

工作像是会自动膨胀似的占满所有可用的时间，原以为要花8个小时的工作，真正静下心来做，却只花了3个小时就结束了。剩下的5个小时，做什么呢？上上网、看看新闻等，这造成了在应该认真工作的时间却做些不必要的事。虽说手里的这份工作很快就完成了，但下一项工作也未必能很早结束。当着手开始下一项工作时，花费的时间却出乎意料的多，我相信大家都有过"如果是这样，多余的时间用到这里就好了"这样后悔的时刻。因此，用"已经到了极限，勉勉强强"

来进行估算，能够更好地提升工作效率。

　　虽然之前说过50%的概率，有很多人会对这里的理解有偏差，这并不是说估算减半，而是说"如果没有意外，就可以在这个时间段内完成"，那么"如果发生什么事情，我们一定来不及在工期内完成"，也就是估算时间按期结束的概率有50%。

根据项目效果灵活调整计划

到这里为止，如果需要的输入全部结束，就会变成表7-4那样。任务的时间估算合计23小时，因为可支配时间是30小时，所以有7小时的富余（缓冲）。在这个阶段，如果缓冲为零或超过所需时间，则必须重新返回到过程的起点并修改计划。

作为修改计划的方法，主要有：

· 更改日程

· 追加资源

· 工艺流程

除了上述这三种方法之外，还可以把日程往后推延或者考虑和其他的日程进行调整，将现在的任务暂时拜托给别人，

表7-4

A.持有时间（h）	B.初始缓冲（h）	C.消化缓冲（h）	D.剩余缓冲（h）		E.缓冲消化（h）	F.进度率（%）	
30.0	7.0	0.0	7.0		0.0%	0.0%	
过程	任务	成果物	1.最初估算	2.现在估算	3.使用时间	4.剩余时间	
设计咨询过程	制作用户列表	对象用户列表	4.0	4.0	0.0	4.0	
	开发部要求咨询	议事录	1.5	1.5	0.0	1.5	
	咨询项目的设计	咨询表格	8.0	8.0	0.0	8.0	
	制作咨询申请书	咨询日程候补，咨询申请书	4.0	4.0	0.0	4.0	
	与销售部的沟通	议事录	1.5	1.5	0.0	1.5	
	制作咨询计划书	咨询计划书	4.0	4.0	0.0	4.0	
合计			23.0	23.0	0.0	23.0	

1.最初估算：计划的时候所估算的时间
2.现在估算：现在的时间点（今天）的最新估算时间
3.使用时间：单个任务所使用的实际时间
4.剩余时间：2.现在估算-3.使用时间

A.持有时间：过程中能够使用的时间（天数×时间）
B.初始缓冲：A.持有时间-1.最初估算（合计）
C.消化缓冲：2.现在估算（合计）-1.最初估算（合计）
D.剩余缓冲：B.初始缓冲-C.消化缓冲
E.缓冲消化：C.消化缓冲/B.初始缓冲
F.进度率：3.使用时间（合计）/2.现在估算（合计）

把以前做过的调查表仔细地读一遍作为参考。能够在这些方面下功夫并进行变更，只有在此之前理解客户的要求，才能完成项目开发来设计成果物与过程的联系。突然编制日程的话，虽说是计划的修正，也只能是延长交货期或者把甘特图上的线整体缩短，使之勉强在规定时间内结束，却并不能保证工程的质量。

随时修改计划

那么如何监督计划和实际效果呢？我在这里简单给大家说明一下。最初估算是根据制造计划的时间点来估算大概需要多长时间的，而现在估算则会随时反映现阶段来看还需要多久，让我们看看例子（表7-5）。

这个时刻，用户名单、开发部要求咨询的事项已经完成（剩余时间为零），正在做咨询项目的设计工作（使用时间2小时，剩余时间8小时）。用户名单因为最初估算和现在估算都是4小时，已经知道都按照预估时间完成了。另一方面，开发部要求听取最初估算为1.5小时，而现在估算为2.5小时，也就是说，真正花费了2.5小时。

现在正在着手进行中的咨询项目设计工作，最初估算为

表7-5

A.持有时间（h）	B.初始缓冲（h）	C.消化缓冲（h）	D.剩余缓冲（h）	E.缓冲消化（h）		F.进度率（%）
30.0	7.0	3.0	4.0	0.0%		0.0%

过程	任务	成果物	1.最初估算	2.现在估算	3.使用时间	4.剩余时间（%）
设计咨询过程	制作用户列表	对象用户列表	4.0	4.0	4.0	0.0
	开发部要求咨询	议事录	1.5	2.5	2.5	0.0
	咨询项目的设计	咨询表格	8.0	10.0	2.0	8.0
	制作咨询申请书	咨询日程候补，咨询申请书	4.0	4.0	0.0	4.0
	与销售部的沟通	议事录	1.5	1.5	0.0	1.5
	制作咨询计划书	咨询计划书	4.0	4.0	0.0	4.0
合计			23.0	26.0	8.5	17.5

A.持有时间：过程中能够使用的时间（天数×时间）（合计）
B.初期缓冲：A.持有时间-1.最初估算（合计）
C.消化缓冲：2.现在估算（合计）-1.最初估算（合计）
D.剩余缓冲：B.初期缓冲-C.消化缓冲
E.缓冲消化：C.消化缓冲/B.初期缓冲
F.进度率：3.使用时间（合计）/2.现在估算（合计）

1.最初估算：计划的时候所估算的时间
2.现在估算：现在的时间点（今天）的最新估算时间
3.使用时间：单个任务所使用的实际时间
4.剩余时间：2.现在估算-3.使用时间

8小时，而现在估算时间增加到10小时。这表明是尝试工作2小时后得出的结论，需要的时间并不是8小时，而是可能要花费10小时。所以，开发部要求的1小时，咨询项目设计的2小时，合计3小时，比最初的计划要多花费很多时间，这将成为最新的预测值，这3小时都会反映在消化缓冲上。

这样消耗了3小时，剩余的缓冲时间还有4小时，缓冲的消化比过程的进度更快。如果这样下去，可以预想，富余的时间迟早会用光。像这样随时反映最新的预算，通过观察最初估算和现在估算的差异、缓冲的消化和进度率的平衡，很容易就可以看出还要花多少时间或者能否赶上日程了。

了解所处位置和展望

如果项目组有多个成员，每个成员都参与制作这个监督表格，每天都更新现在预算，上司就可以对成员的状况有更清晰的掌握。之前我在做软件开发的项目经理时，一直都在用流程图和这个监督表管理下属。实际上，即使是超过100人的项目，监督表也能起到很好的管理效果。

监督表的优点之一是了解现在所处的位置和预测。在做项目管理时，最难的是判断这个项目的过程是在推进还是在延迟。到上周为止，都说在按照计划来做，可是一周过去了，却听到负责人说："照现在这样的效率下去，就要耽误一周了。"为什么已经过了一周，却还会推迟一周呢？那是因为无法知道现在所处的位置以及接下来的预测。

监督表的另一个优点是加入了修正计划的功能。在一线工作的人员所实施的计划多数是固定的，要是修改的话会特别麻烦。但监督表是以修正为前提的计划，只要进度和缓冲的消化之间没有出现大问题，就不需要大幅度的修正。

这个监督表在咨询公司的软件开发过程中被视为一个非常有效的方法，有很多客户给我们的评价是"只要看这个过程，整体项目就没有问题"，这让当时的我们信心倍增。在工作中如果有机会的话，大家可以利用这个监督表更好地把握工作进度。

08

总结

在这一章，我们将本书的整体内容再进行一次梳理。从项目要求开始，作为与计划相关的问题举例：

（1）制订计划时就知道本身并不可行；

（2）细节很详细，但整体却毫无头绪；

（3）总是在计划的中后期出现很多漏洞；

（4）开始着手进行工作后，计划外的事项层出不穷。

到这里，相信读过本书的各位都应该明白了，无论是计划无法实现还是过于勉强，之后出现"这个也必须做"的状况，都是因为没有设计成果物与过程的关系。作为成果物，必须由项目的目标决定。为此，项目的要求必须从开始就务必明确。

明白制订计划是为了什么以及实现的可能性，从而高效地付诸行动并及时沟通，对于过程中出现的问题进行修正并调整计划，这样的状态才是计划可以顺利实现的保证。清晰地理解成果物与过程的关系，就可以形成这样的状态。

所谓项目，就是做没做过的事。没做过的事情会不容易掌控，在必须按照计划推进的过程中肯定是包含不确定性的，本书将降低不确定性作为一个重点，讲述如何凭借7个步骤来减少这类事项的发生概率。

6R明确目标

但是，单单知道了这7个步骤就一定行得通吗？当然不是，同时还要理解各个步骤的意义、成果物的作用和制作的时机。

首先要明确目标。不知道路线就不可能到达目的地，明确目标所需的是6R。同时需要理解客户的要求和抽象的阶段，清楚要求—方法—指示作业和上下之间的关联。例如，"想住在中目黑"的另一层深意是隐藏在背后的真正要求，"6R"整理并揣摩客户的要求，由项目包租公司的老板在这个基础上和领导签订合同。

通过明确所有者的要求可以理解项目的目标，了解项目的目标就能知道要满足目标所需要的成果。在这里登场的是WBS，也就是工作分解结构。WBS有两种，一种是成果物WBS，另一种是时间轴的WBS。用WBS说的工作并不等同于本来的工作，而是成果物。

如果根据WBS可以知道成果物，接下来就可以知道里程碑。里程碑是项目的一里冢，比如成果物制作完成的时机，阶段的开始和结束，外部和经营上的审查，都是根据项目外的活动给项目带来影响的阶段性结果。

输入—过程—输出的清晰视觉化

想要了解成果物，就必须通过逆向思维来思考如何产生这些成果，这就是过程设计。项目由连续的过程构成，所以对项目来说，设计过程的连锁反应是非常重要的。所谓工艺设计，就是把工艺和成果看成输入—过程—输出的关系。这并不是简单的顺序，而是具有承上启下作用的各个部门之间的重要关联。

流程图不以描绘为目的，而是作为思考和交流的工具来使用的。它看上去非常简单，给人一目了然的感觉，但如果真的要自己制作，往往会陷入对顺序和步骤的反复思考之中，不得要领。另外，在设计流程图时要将课题大致分类。首先应该进行的就是抽象化分类，因为流程设计要做的就是分类和层次化。

作为设计过程的提示，以 WBS 为基础，希望达到集思广益的效果。过程由多个任务构成，因此，将任务分组是过程设计的提示。习惯之后就不需要这个步骤，您可以由 WBS 进入过程设计。在日程化过程中，将流程图分成阶段，加上日期，显示在甘特图上。甘特图可以非常清晰地看懂整体，所以才作为交流工具来使用。

计划就是一个故事

这样回顾一下本书的内容，制订计划，就好像是一个完整的故事一样，都有各自的意义，并且有很多关联。因此，理解这个故事就是本书的最终目的。

本书的目标是：

- 理解计划的目的
- 理解计划过程的整体情况
- 了解成果物的作用和制作时间
- 可以出相应的成果物

相信读完本书的读者们已经在脑海里准备好了思考方式和工具，剩下的就是实践了。因此，请务必仔细阅读，然后

在自己的工作和项目中反复练习，希望能够帮助各位更加轻

松、准确地完成每一项工作。

The End